Quality of conversations defines
organizational strength

1《ワン》on《オン》1《ワン》
ミーティング

「対話の質」が組織の強さを決める

本間浩輔
吉澤幸太

ダイヤモンド社

はじめに

2017年3月に『ヤフーの1on1』を刊行してから、3年半が経ちました。私たちが、それまで5年にわたって積み重ねてきたことや、その背景にある考え方などについて、どこまで伝わるか自信はありませんでしたが、思っていた以上に関心を持っていただくことができました。それだけではなく、1on1をやってみようと取り組みを始める企業が多いことに驚きもしました。

目の前の部下に関心を持ち、対話によってそのやる気を引き出し、成長を促し、ひいては仕事の質を上げて成果につなげていこう、というのが1on1の考え方です。

そのことに共感していただき、実践を始める方が増えたということは嬉しいことでしたし、多くの会社に招かれて1on1についてお話しする機会にも恵まれました。

ただ、そのうち、ある種の違和感にも気づくようになりました。

ある人に、こんなことを言われたことがあります。

「私たちの会社でも、1on1をやってみたいと思っているのですが、1on1にはいろいろな流儀があるそうですね。どの流儀でやったらいいのでしょうか？」

これには戸惑いました。1on1には決まった流儀などないからです。対話によって部下のやる気を引き出す、といった目的をはっきりさせることがまず大事であり、「やり方」は各々の組織によって変わってくるものです。

お話をうかがうと、どうやら真相が見えてきました。

１ｏｎ１について、多くの本が出版されるようになりました。コンサルタント等による研修も、いろいろな方が企画され、実施されています。その「いろいろ」が、異なる流儀ととらえられたようなのです。

こうした現象を一言で言うなら、１ｏｎ１はブームが過熱している、ということでしょうか。これには、少々考えさせられるところがあります。

１ｏｎ１は、私たちが発明したものではありませんし、ヤフーのオリジナルの手法でもありません。ですから、それが仮に過熱したブームになっていようと、私たちが異を唱えたりする筋合いではないと思います。

ただ、端的に言うなら、このままでいいのだろうか、という思いがあります。『ヤフーの１ｏｎ１』という書籍がブームを過熱させる一助となったのだとしたら、勝手ながらある種の責任を感ずるところでもあります。場合によっては傲慢な物言いに聞こえてしまうかもしれませんが、あらためて１ｏｎ１について、前著では伝えきれなかった考えや思いを記しておく機会がほしいと思うようになりました。それが本書を著した理由です。

ヤフーで実施している1on1がベストだなどと言うつもりは毛頭ありません。むしろ、まだまだ改善していくべきところを大いに残しています。ただ、ヤフーにおいて、1on1を導入した2012年以降、対話の量が格段に上がったことは事実ですし、ヤフーの1on1には、一定の影響力があったことも確かだと思います。この3年で、私たち自身の1on1に対する考え方で変わってきたところもあります。考え方が進化した、と言ってもよいかと思います。

本書では、私たちが考える1on1についてあらためてお伝えすることが中心となりますが、自説へ固執せず視野を広げるべく、背景理論の専門家から意見をいただいたり、実践を重ねる企業の方々に苦労や工夫をうかがったりしています。1on1によって生み出したいものは何なのか、どんな場として機能させたいのかなど、本質的に問い直すことから始め、あるべき姿の模索を再び試みます。

おそらく本書の中で「いい1on1選手権」という言葉を使うことになります。この数年の1on1は、コーチングやカウンセリングの知見をベースにして、そこで使われる傾聴や質問といったテクニック面が強調されてきたように感じます。技術が大切なことは否定しませんが、気をつけないと技の良し悪しを競うことに終始するようになってしまいます。そのことを私たちは「いい1on1選手権」と呼びます。問題だと感じるのは、その陰で、何のための1on1なのか、その目的がしっかりと見定められなくなっていることです。

フォーカスすべきは、部下のやる気を引き出し能力を伸ばす、そして組織に成果をもたらすということです。その視点から見直すと、１ｏｎ１の15分なり30分なりという時間だけに目を向け、いかに「いい30分」にするかを考えるだけでは十分でないことが見えてきます。

また、組織の中に信頼関係が存在しなければ、パフォーマンスは上がりません。信頼関係を醸成するには、互いに相手の話をきちんと聞くことが必要であり、上司部下の間ではなおさらです。この文脈で、信頼関係のない中での１ｏｎ１はむしろ逆効果ではないかという声も頻繁に耳にします。私たちも数年前なら、それも一理あるかなと思ったかもしれませんが、今は違います。後述しますが、数年の実践経験を経て、１ｏｎ１を用いることで信頼関係はつくれるとまで思うようになってきました。

高度経済成長を支えたのは、上意下達のコミュニケーションだったかもしれませんが、とうに時代は変わりました。業種を問わず、イノベーションは少数の天才が生み出すものではなく、普通の私たちがお互いに言葉を重ね合う、時間をかけた真剣な関わりの中でしか生まれなくなってきたのではないでしょうか。

１ｏｎ１は、そのための、かなり有効な方法だと考えています。

ここで本書の概要について紹介しておきます。

第1章　１ｏｎ１とは何か
第2章　企業の取り組みを知る
第3章　なぜ１ｏｎ１なのか
第4章　１ｏｎ１の「場外効果」
第5章　専門家の知見に学ぶ

まず、この本の読み方のガイドをお示しします。もちろん、第1章から読んでいただいてもよいのですが、以下の概要をご覧になって、興味がある章から読んでいただくことを、おすすめします。

第1章から第3章のテーマは「１ｏｎ１を再考する」。１ｏｎ１の基本を解説しつつ、前著から3年の経験を踏まえて、大切だと思うことを整理しました。どちらかというと、これから１ｏｎ１を始めようと考えている方を読者と想定し、まとめています。

第1章では、ヤフーが続けてきた１ｏｎ１の内容、目的を紹介しています。
第1章は概括的な内容であり、一読しただけで１ｏｎ１を実感することは難しいかもしれません。「１ｏｎ１とはこのようなものなのだな」と、イメージをつかみ、次の章に進んでいただければと思います。

特に、組織に1on1を導入することを想定される方は、第2章以下を読んだあとに、第1章に戻って導入のイメージを持ちながら再読されることをおすすめします。また、「(組織に1on1が導入され)上司から1on1をやろうと言われて、どう対応したらいいのだろう?」と戸惑っている方も第1章をご覧ください。本書は「1on1対策本」としてつくったものではありませんが、一読の価値はあると思います。

第2章では、1on1に取り組む企業の事例を紹介します。

私たちは、1on1について他社の方々に話す機会がありますが、その場で受ける多くの質問が、「1on1の導入方法」です。この質問の背景には、人事担当者など1on1の導入に責任を持つ方たちの想いや悩みがあると思います。また、「○○業界で1on1の導入が成功した会社を教えてください」など、参考事例を求められる方もいます。私たちは、その都度、できるだけ丁寧に解説するのですが、「それは当社では無理です」とか「業界が違うから」と言って、導入の可能性を限定してしまう方もおられます。多くの事例を知りたいと考えることは意味があると思いますが、限定された情報で「わかった気になってしまう」ことは危険ですし、もったいない。

以上の問題意識から本書では、多様な業種について、詳しく記述しています。ちなみに、私たちは慶應丸の内シティキャンパスで1on1の講座を持っているのですが、事例の解説には多くの時間をかけています。なぜなら、事例を知るだけでなく、その背景や共通点などを深く、多面的に理解することが、仕組みとしての1on1を理解する効果的な方法であると信じるからです。1on1の導入を検討される方は、導入する組織の仲間と第2章を繰り返し読んで、イメージを持ってください。

第3章では、前章で取り上げた企業事例について、私たちの考察を対談形式で深めています。そして、働き方改革を一つの契機として「個の尊重」によって変わり始めたワークスタイルの実情を踏まえて、これからの1on1がどうあるべきか、何を目指していくのかを検討します。私たちがこの本の執筆の佳境を迎えた2020年は、新型コロナウイルスの影響で、多くの企業が急速に在宅勤務に舵を切らざるを得ない状況になり、一部の企業では、働く人が出社せず、オフィスが「がらーん」としているという話も聞きます。私たちは、このような状況は、一時的なものとは考えていません。なぜならば、「個人と会社が幸せになる」というゴールから逆算したとき、コロナ以前の働き方は、個人が我慢しなければいけないことが多いと思うからです。以上を踏まえて、本章では、みなさまやみなさまが働く会社の未来を考える際の素材にしてもらおうという意図も含んでいます。

第4章、第5章のテーマは「1on1を探究する」。1on1についてより深く検討を加えていて、（中級者・上級者向けというと語弊があるかもしれませんが）1on1をすでに実践している方を想定し、今の1

on 1をもっと良いものにしていくための視点を示していきます。

第4章の「場外効果」というのは私たちの造語ですが、1on 1によって、その前後の時間、つまり上司と部下との対話によって普段の仕事の質が上がることを指します。ビジネスの成果につながることが1on 1の真価であることを、マンガを織り交ぜて解説していきます。

加えて、1on 1のスクリプト（台本）を掲載しました。1on 1に模範はないのですが、たたき台はあってもよいと思います。「私ならこうは言わない」とか「この応答はいいね」など、自由に話し合ってください。私たちは、会話の質（quality of conversations）が組織を強くするという信念を持っていますが、会話の質を向上させるにはスクリプトのレベルで振り返る必要があると思っています。繰り返しますが、本章は、すでに1on 1を経験した方向けです。1on 1をやってみて、第4章に戻る。その「いったりきたり」を繰り返していただきたいです。

第5章は、カウンセリング、組織開発、経験学習など、ヤフーの1on 1にとっての背景理論の専門家の方々と、対談をしました。それぞれの知見と1on 1とをすり合わせてみることで、あらためて上司と部下とが対話する意味と意義を検証することが目的です。

私事になりますが、この本をつくる動機の1つは、本章で取り上げる専門家と対話したかったからであり、その内容を見ていただきたいと思ったことにあります。対話に応じてくれた4人のエキスパートは、各専門領域において抜群な存在であるだけでなく、ヤフーや私たちをよく知る方でもあります。みなさまには、私たちと同じテーブルで講義を受けるように、読んでください。対談の中で取り上げる理論や書籍にも手を伸ばしてください。誤解をおそれず言えば、第5章を繰り返し読むだけでも、この本を手に取っていただいた価値があると思います。

ビジネス環境の変化の中で、私たちの働き方は揺れています。変化にマッチした手法を模索し、新しい達成を目指す読者のみなさまに、本書が何がしかのヒントと刺激になることを願っています。

本間浩輔

『1on1ミーティング』目次

第2章 企業の取り組みを知る 57

第3章 なぜ1on1なのか 127

第4章

1on1の「場外効果」

第5章

専門家の知見に学ぶ

第1章 1on1とは何か

1on1ミーティングとは、上司が部下の話を聞く場。「部下のための時間」です。ここではあらためて1on1とは何かを考えていくにあたり、まず2種類の1on1をスクリプト（台本）の形で読んでいただきます。どんな向き合い方が部下のやる気を高め、成長につながっていくのか、「対話の質」という観点でイメージを共有することから始めたいと思います。後半は、1on1の目的についてです。ヤフーでは、「人材育成を効果的に行うため」としてスタートさせました。これは、前著『ヤフーの1on1』でも示している通り、最重要な目的として変わることはありません。ただ、刊行から3年経過する間に多くの企業で1on1が導入され、社外のフィードバックから刺激を得る機会も増えました。そこで、これらの示唆も加味して、今一度、1on1の目的について再考してみました。

1 「対話の質」を上げる

上司と部下とが対話を通して ともにより確からしいものを探す時代

１ｏｎ１とは、上司と部下との間で行う1対1の対話のことです。ヤフーでは、原則として週1回、30分。その対話は、いわゆる「業績面談」のような対話とは違い、そこでは上司は聞き手に徹し、部下の話を傾聴します。つまり１ｏｎ１の30分は、「部下のための時間」ということになります。

筆者2人は、１ｏｎ１に関心を持った企業に招かれて話をする機会が多いのですが、そのときには必ず実際に１ｏｎ１のデモを見てもらうことにしています。百聞は一見にしかずですから。ヤフーのスタッフを伴って部下役をやってもらったり、その企業の方を抜き打ちで指名して対話の相手になってもらうこともあります。そのように実際に見ていただくと、ほぼ例外なく驚かれる出席者の方々がいらっしゃいます。ある企業では、終了後に若手社員が、帰ろうとする私たちを追いかけてきて、「ああいう対話は初めて見た」と感想を聞かせてくれました。

仕事におけるコミュニケーションの重要性が広く伝えられる中、上司の部下に対する働きかけは、かなりきめ細かく丁寧になったように思います。少なくとも、私たちが社会人になった頃のような「いいからやれ！」「見て覚えろ！」と話も聞かずに命じるような、雑な上司の振る舞いは少なくなったようにも思います。

しかし、言ったそばから矛盾することを言うようですが、実はそれは表面的なことで、案外と上司の振る舞いの本質は変わっていない、とも感じることがあります。「ああいう対話は初めて見た」と私に言ってくれた若手社員の言い分を聞いて、そんなことを思いました。

あとで実際の１ｏｎ１の様子をスクリプト（台本）という形でお読みいただこうと思いますが、例えば、私が上司として１ｏｎ１を行うとき、必ず「今日は何の話をする？」と聞くことから始めます。また、徹底して部下の話を聞きますから、自分の考え方を押しつけたり、何かを決めつけたり、という話法は一切ありません。彼らが驚くのはそのようなことで、要するに、自分の職場の上司層が彼らに対して使う言葉や話法とはまったく違う、というのです。１ｏｎ１を導入している会社の中には、それが上司による詰問の場になっていたり、部下の方も上司に忖度し、上司が求める言葉を探して言う、というケースも少なくない。つまり、そういう対話に慣れてしまった人の目には、私たちが実演するデモが普段とは真逆のものと映るようなのです。その両者の落差は、何を意味するのでしょうか。それはただ一点、

1on1が部下のための時間になっているかどうか、だと思います。

これは、かなり根深い問題だと私たちは考えます。もう相当に長い間、上司と呼ばれる人たちが、暗黙のうちに、あるいは自分が上司から学んで身につけてしまった、ある種、強権的な振る舞いがあります。

自分が上司に言われればカチンと来るくせに、自分は強くものを言えば部下が動くと思っている。業務の日常が心理的な支配＝被支配の関係になっているから、1on1の場でもそれを踏襲することになります。話が少しそれるようですが、それはそういう人を管理職に登用し続けた会社の問題ですし、そういう人が人的マネジメントを行っても回り続けるビジネスモデルをつくってきた人たちの問題かもしれません。

しかし、そのようなマネジメントでは、もう人は動かないのではないでしょうか。昭和はとっくに終わったのです。当たり前のことを言うようですが、ものをたくさん作って安く売る、それによって莫大な利益を生み出した成功の時代は終わりました。

かつては、上司が部下に正解を教えることができたのかもしれません。でも、今はどうでしょうか。上司と部下とが、ともにより確からしいものを探すことなしに、業務は進みませんし、利益は生み出せません。1on1は、そのようなビジネスの遂行が困難な時代だからこそ必要なコミュニケーションだと思うのです。

ただ、日常業務の中で、そのようなコミュニケーションの機微に気づくのは、実は困難です。多くの人は、仮に組織の中にやる気を失いかけた人がいたとしても、全体としてまずまず動いているから大丈夫だと思いがちです。何か違う、これはおかしいぞ、と感じる人は少数で、だからこそどんな企業でもメンタルダウンするメンバーが絶えないのではないでしょうか。

国が主導する働き方改革、そして新型コロナウイルスによって、今、働き方が大きく変わろうとしています。私たちが、とても危険だと思っているのは、今や働く人の8割はリモートの方がパフォーマンスが上がる、と言っていることです。そして企業サイドも、この流れに乗ろうとしています。オフィス賃貸料が軽減できるという大きなメリットも生まれそうですから。このように会社と社員の思惑が一致しているわけですが、こういうふうに物事が一気に進もうとしているときは危険だと感じます。例えば、リモートワークが働き方の基本になったとき、従来の対面による働き方で確保されていた心理的安全性は、どのように保てるでしょうか。職場でのコミュニケーションをどのような形で減らさず保っていけるか、それが必ず課題となってあらゆる企業を悩ませることになるでしょう。

問題はコミュニケーションだけではありません。こういう状況において、上司と部下の信頼関係をどのように構築するのか、フィードバックや評価をどう進めていくのかなど、人的マネジメントも大きく揺らいでいくでしょう。人的資源というのは上司の関わりによって、やる気が半分にもなれば倍にもなる。そういうアセットでありリソースです。そのことをよくよく考える必要があると思います。

話を戻して、一時代前の上司像について、もう少し考えてみましょう。そこには、さまざまな特徴があるようです。

上司は仕事の指示はするが、丁寧にその意味や意義を教えることは少ない。
上司は部下を未熟な者、あるいは劣った者ととらえ、話法は命令形や否定形であることが多い。
話題は常に営業成績など成果を問うものばかりで、個人的な悩みなどについて話す余地がない。
職場の空気そのものが、素直な疑問や、自分なりの意見を口にしにくいものである。

仕事に真摯に取り組むことは、言うまでもなく大事です。しかし、真摯であることが高じて、抑圧的になってしまうマネジメントが確かにあります。そのような職場では、立場の弱い若手などは必要以上の緊張を強いられる。そのような空気の中で、斬新なアイデアやイノベーションが生まれるとは思えません。

企業文化はさまざまですが、中には「上司である自分が、部下の話を聞くなどということは考えられない」などと困惑して首をかしげるベテラン上司も少なくないようです。

ヤフーでも、初めから１on１がすべての社員に理解してもらえたわけではありません。「ただでさえ忙しいのに、時間が取られてしまう」「何のためにこんなことをやるのか、理解できない」など、現場からの声はいろいろありました。

しかし、2012年以来、8年以上にわたって1on1は続けられてきました。それは、わざわざ時間を割いてでもやるだけの価値がある、ということが多くの社員によって体感されたからです。そして今、新卒入社時から1on1に馴染んで育ってきた社員が30歳前後になり、いよいよ「1on1ネイティブ」のマネジャーが生まれつつあるというところまで来ました。

低成長経済の中、業種を問わず、多くの企業が活力を失っています。なんとかして、新たなビジネスモデルを創出し、再び成長を目指す必要がある。そのような課題感を持つ企業の中で、職場における上司と部下とのコミュニケーションを増やし、かつその質を高めて、活性化を図ろうとする人たちが生まれるようになりました。1on1への関心が高まっているのは、そのような背景からでしょう。

本書では、1on1の目的や効果を私たちなりに解釈しながら、実際に制度として根づき始めた他企業の事例も紹介します。また、組織開発やカウンセリングなど、1on1のベースにある理念について、専門家の方々からのコメントをいただくこともできました。

社員の才能と情熱を解き放つ。それがヤフーの1on1の中心理念なので、それをベースにお伝えしていくのですが、一方で、元来、1on1の目的は各社各様であるはずです。したがって、あくまで一つのモデルに過ぎませんが、少しでも読者のみなさまに役立つものになればと願っています。

部下のやる気を引き出す上司の対話法と振る舞いとは？

では、上司が部下のやる気を引き出すような対話は、どのようなものでしょうか。ここでは、1on1をスクリプト（台本）という形で紹介します。

これは、あるセミナーで実際にやってみたデモを、そのまま書き起こしたものです。

スクリプトは2つあります。この2つの対話は、何が違うのか。そこを意識してお読みいただければと思います。

対話1

本間　今日は何を話しますか？

吉澤　うーんと、やっぱり、ちょっと気になっていることでいいですか？　直近で言うと、会議ですね。昨日もあって、振り返ってみると、うまくいってないなというのがあって。

本間　会議がうまくいっていないんですね？

吉澤　それが最近のトピックかな、と思っています。
本間　もう少し、詳しく話してもらっていいですか？
吉澤　はい、なんかこう、うーん、まあ話せてないだろうな、という感じですかね。一応、結論まで行くけど、みんなしゃべれていないし、その結論でいいのか？というのが毎回あります。一応、進んでいるからいいか、とも思いますが、せっかく集まって話しているのに、なんかモヤっとしてますね。
本間　なんか、吉澤さんの中に、理想の会議というのがある？
吉澤　理想の会議……。もうちょっと、みんな思っていることを言ったら、という感じ。
本間　なんか今、考えながら話してもらった気がするんですけど、どんな情景が浮かんでいるんですか？
吉澤　あー……、そうか、情景で言うと、会議中にキョロキョロしちゃいますね。キョロキョロというのは、ちゃんと進んでるのか、みたいなね。まあ、何と言うかな……まあ、そんな文句を言ってるけど、自分もその一人だな、ということもありますけど。
本間　自分も、その一人である？
吉澤　うん。だから、ちょっと文句っぽい言い方で入っちゃいましたけど、その一員でもあるわけじゃないですか。

本間　ああ、その会議の、吉澤さんもその一員である、と。

吉澤　ちゃんとモノを言ってないんじゃないの、と言いつつ、じゃあ自分は言っているのかというと、なんか投げたボールが返ってきたっぽい感触を、今、受けてますけど。

本間　ああ、そうか。

吉澤　まあ、いずれにしても、もうちょっと何とかならんのかな、と思ってますね。せっかく、いい感じで集まってるんだけど。理想の感じで言うと、どうしたらいいんですかね（8秒沈黙）。うーん、でも、そう感じてない人もいるかもしれないですね。別に、普通にちゃんと進んでる、って感じている人も多いかもしれない。まあ、多くて5、6人、少なくて3、4人（の会議）ですけど……僕だけかな、そう感じているのは。

本間　他の人はそう感じていないと、今、思い始めている。

吉澤　ええ、うん、かもしれないですね。そういう視点では、全然、見ていなかったですけど。

本間　なんか、どうしたいですか？

吉澤　どうしたいか。まあ、今ので言うと、他の人はどう思っているのかな、というのが出てきたんで、……聞くのかなあ。どう？って、聞くのかなあ。ファシリテーションをやってる人に聞くというのもあるし。

本間　ちょっと、確認したい？

吉澤　そう。確認した方がいいな、と思い始めましたね。聞いたことはないな、そう言えば、と。モヤモヤしていて、変だな、と言ったものの。進め方にも、結論にも、みんな満足しているというのであれば、また別な問題だと思うし。会議がうまくいっていないという話じゃないのかもしれないし。違うことでモヤモヤしているのかもしれないし。

本間　確認すれば、課題の問題点が整理できるというか、フォーカスできるというか。

吉澤　いや、でも、みんなおかしいと思っていると思いますよ、たぶん。でも聞かないとわからないですね、やっぱり。

本間　もう一回聞きますけど、なぜ、その人たちに聞いてみたいのかしら。

吉澤　うん……。やっぱりなんか、聞かないと次に行かないな、という感じがしますね。

本間　ああ、そうか。

吉澤　わからないですよ、自覚あるなしは。それも含めてですけど、なんか、おかしいと思ってる、ということを少しでもわかってもらうことが意味あるかもしれないし。いやいや、僕もそう思ってましたよ、となれば、また別の展開ができるかもしれないし。今の段階だと、毎週毎週やっていて、なんか大丈夫?みたいな。

本間　前進している感がない?

吉澤　ないんですよ。必要なことは一応決まっていくんだけど、それがベストなんだっけ?という感じで。アウトプットも大事だけど、みんなも僕と同じくモヤモヤするものがあるのなら、もったいないなと単純に思いますね。

本間　なんか、それすごくいいなと思って。確認できて状況がわかれば、僕も手伝えるかもしれない。僕ができることはありますか？

吉澤　……うーん、それについて今どうこうはないですけど、まず聞きますから、来週。

本間　もう聞く人は決まってる？

吉澤　まあ、なんとなく。

本間　1人、2人、3人？

吉澤　まず1人。その後に、他の誰かになるか……。そうしたときに、本間さん、こうでしたよ、と聞いてもらえれば。それだけでもだいぶ助かるなと。

本間　なんか僕の思いつきですけど、一人でも多く聞ければ、前進できるかな、と。ぜひまた次回。

吉澤　ありがとうございます。

対話2

本間　今日は何を話しますか？

吉澤　えーっと、まあ会議がちょっとうまくいっていないということなんですけど。
本間　どの会議ですか？
吉澤　あのー、毎週やっている企画会議ですが。
本間　企画会議？　ああ、あれですね。何人ぐらいでやってるんですか？　オーナーは誰でしたっけ？
吉澤　いや、いつもの彼ですよ。それがうまくいってないな、と。
本間　うまくいっていない。どんな感じなんですか？
吉澤　うーん……。
本間　意見が出ない？
吉澤　そうですね。意見が出ない……。いや、意見は出るんですけど、ちゃんとみんな話してるのかな、という。
本間　話してないんだ。言いたいことが言えない？
吉澤　雰囲気的に、まあ、しょうがないですけど。
本間　諦めている？
吉澤　いや、諦めちゃいけないんですけど。それぞれの役割分担もあるんで、ファシリ役の彼に任せればいいんでしょうけど。

本間　アジェンダはどうしてるんですか？　出してるんですか？
吉澤　アジェンダは一応、ありますよ。
本間　メンバーは、みんなそれを聞いているんですか？
吉澤　……どうですかねえ。いや、アジェンダは回っていますよ。ミーティングとしては成り立っていますし。
本間　ああ、成り立ってはいるんですね。
吉澤　一応、成り立っているので、まあいいかな、とも思うんですけど。
本間　あんまり、いい会議ではないんですね。なんか、外部の人を入れた方がいいかもしれないですね。
吉澤　外部って……。
本間　いや、会議ファシリテーションの研修チームとかあるから。そこから人を入れたらどうですか？
吉澤　まあ、それはそれでありかもしれないですけどね。……それでうまくいけばいいですけど。
本間　ああ、なんかうまくいかないっていう感じがあります？
吉澤　うーん、なんかちょっと、どうなのかな問題は、という感じが。
本間　ああ、問題点が見えていない？

吉澤　……まあ、なんならファシリテーターを代えてもいいかもしれないんですけど。

本間　ああ、代えてもいいの？

吉澤　いやあ、代えられないだろうなあ。

本間　代えられないの？

吉澤　いや、それはまあ、わからないですけど。

本間　どうします？

吉澤　……うーん、だからどうする、って言われても。……そうですね、まあ、いくつか案を出さないとしょうがないかな、と思いますけど。

本間　これまで何かやったことはあるんですか？

吉澤　……あまりやったことはないですね。

本間　メンバーって、AとBとC？

吉澤　まあ、あのへんの、多くて4人か5人ですね。

本間　ああー。ちょっと、なんかうまくいかない気もするけど。

吉澤　……そうですね。まあ、……。

本間　なんか、議論にならない感じ？

吉澤　いや、まあ議論になって……いや、なってないかな。わかんないですよ、僕だけかもしれないですけど。他の人がどう思っているか、ちょっとわからない。

本間　いや、たぶん吉澤さんがそう思っているなら、よくないんじゃないかな。

吉澤　うーん、まあ、このままじゃ、ちょっとまずいな、という感じですね。

本間　どうします？　せっかく話してもらったから、なんか変えたいけど。

吉澤　えーと、まあ、さっきのファシリやってるチームに相談するっていうのが一つですかね。それから、他の参加メンバーに聞くというのも、ありますね。これまで聞いていなかったですし。あらためて考えると、僕だけがそう感じているのかもしれないし。

本間　吉澤さんがそう思っているなら、ファシリやっちゃった方がいいよね。

吉澤　僕が？　僕がファシリをやるっていうことですか？　別にそれは役割分担ですから、いいんですけど、そうすると、彼は絶対おかしくなりますよ。

本間　でも、なんか前進したいですよね。

吉澤　それはしたいですけど。

本間　僕が話してみましょうか？

吉澤　本間さんが？……それはそれで助かりますけど。

本間　ねえ。

吉澤　助かりますけど。……まあ、それは一つですね。会議に参加していない人がね、……うーん、でもどうなるんだろう、ちょっと不安。
本間　まあ、とりあえず僕が一回、話してみるから。
吉澤　そうですか。
本間　それで一度フィードバックするから。
吉澤　そうですか、わかりました。ありがとうございます。

2つのスクリプトを読み比べてみて、どこが違うのか。おそらく、明らかに何かが違うことはわかっていただけると思いますが、この違いはどこから来ているのでしょうか。**対話1**は上司がニュートラルに問いを発しています。それに対して、**対話2**は上司である本間が、吉澤の発言を先回りするような形で、問題に介入するような発言をしています。

例えば、**対話1**では、
本間　もう少し、詳しく話してもらっていいですか？
と言っていますが、**対話2**では、

本間　企画会議？　ああ、あれですね。何人ぐらいでやってるんですか？　オーナーは誰でしたっけ？

と畳み掛けています。一種の詰問のように感じられませんか？

また**対話1**では、あくまで次の行動を吉澤に自分で考えさせようとしています。

本間　なんか、どうしたいですか？

吉澤　どうしたいか。まあ、今ので言うと、他の人はどう思っているのかな、というのが出てきたんで、……聞くのかなあ。どう？って、聞くのかなあ。ファシリテーションをやってる人に聞くというのもあるし。

本間　ちょっと、確認したい？

吉澤　そう。確認した方がいいな、と思い始めましたね。

「どうしたいですか？」という問いかけに対して、吉澤は「どうしたいか。まあ、今ので言うと、他の人はどう思っているのかな、というのが出てきたんで、……聞くのかなあ」と答えます。言葉を発しながら、あるいは言葉を発することによって、頭の中で考えがぐるぐる回り始めています。

それに対して上司である本間は、「ちょっと、確認したい？」と、吉澤の言った言葉を変えて問いかけます。それを踏まえて、吉澤は「そう。確認した方がいいな、と思い始めましたね」と言う。次の取るべき行動が、確認する、というより具体的なものになりました。

同じ流れの箇所について、**対話2**は、どのように展開しているでしょうか。

本間　どうします？
吉澤　……うーん、だからどうする、って言われても。……そうですね、まあ、いくつか案を出さないとしょうがないかな、と思いますけど。
本間　これまで何かやったことはあるんですか？
吉澤　……あまりやったことはないですね。
本間　メンバーって、AとBとC？
吉澤　まあ、あのへんの、多くて4人か5人ですね。
本間　ああー。ちょっと、なんかうまくいかない気もするけど。

吉澤　……そうですね。まあ、……。

本間　なんか、議論にならない感じ？

「どうします？」という問いかけは同じですが、その後、畳み掛けるように質問を投げかけ、さらには「なんかうまくいかない気もするけど」「なんか、議論にならない感じ？」と主観を述べ始めています。吉澤の口数が少なくなっていることに注目してください。**対話1**とは違い、考えが進まない、深まらないのです。それは、上司が先取りして語ってしまっているからです。

しまいには、

本間　僕が話してみましょうか？

と、介入に乗り出します。本来、吉澤が自分の考えで次の行動を決めるべきところですが、助け舟を出してしまう。

吉澤　助かりますけど。……まあ、それは一つですね。会議に参加していない人がね、……うーん、でもどうなるんだろう、ちょっと不安。

本間　まあ、とりあえず僕が一回、話してみるから。

不安を述べる吉澤をよそに、とうとう押し切ってしまいました。

この本間の言葉は、どのような影響をもたらすでしょうか。

これでは、吉澤の学びは深まりませんし、上位者が乗り出すことによって一度は状況が改善されるかもしれませんが、会議の参加者の納得感は得られにくいように思います。全員のフラットな話し合いによってではなく、権力が発動されるからです。

実は、**対話2**において、本間は「教育熱心な善意の管理職」を演じました。あらゆる職場にいるであろう、部下思いの良い管理職です。

ただ、教育熱心はいいのですが、実際のところ、部下にとって教育効果は発揮されないと思います。自分で考えるという、せっかくのチャンスを奪ってしまっているからです。

これは本間と吉澤による実際にあったことを素材にしたデモなのですが、**対話2**の後半では、吉澤の態度に不満がありありと出ていたことを覚えています。

対話1をもう一度読んでいただきたいのですが、吉澤の発言には、ところどころで沈黙の時間があります。実際には数秒なのですが、上司である本間は、次の発言を急がせていません。これに対して**対話2**では、沈黙があると、先回りして上司が発言してしまっています。沈黙に耐えられないのです。

部下の沈黙の時間は「ゴールデンタイム」である、と私たちはよく言います。それは、部下の頭の中で思考がぐるぐる回り始めているのであり、上司はそれを待たなければなりません。

いかがでしょうか。1on1において、上司であるあなたは**対話1**と**対話2**のどちらに近いでしょうか。

言葉をぶつけ合いながら新しいビジネス、新しい価値を生み出す過程

今、多くの企業で管理職はプレイングマネジャーではないでしょうか。プレイヤーとしての実績が認められてマネジャーになるということでしょうから、当人もマネジャーよりプレイヤーであるという意識が強いケースが多いように思います。

それが悪いとは言えませんが、チームメンバーの見方はそれまでとは変わります。プレイヤーとして

のあり方を尊重してはくれるでしょうが、違う期待感もあるはずです。それはチームを鼓舞することであり、一人ひとりの成長を支援すること。数字を上げつつ、メンバーの仕事の質を上げることに貢献する。特にこれからのマネジャーに課せられる使命は、難易度が高くなることは間違いありません。

とはいえ、難しく考えすぎる必要はないと思います。ごく簡単に言えば、マネジャーに求められることは「小さなリーダーシップ」を発揮すること。より具体的に言うなら、目の前にいる5人から10人ぐらいの部下のやる気を引き出すことにあります。決してスーパーマンのように、課題のすべてを一人で背負って、達成していくことではありません。

チームで目標達成するためのカギを握るのがマネジャーであり、そのためにプレイヤー時代は自分に向けていたベクトルをメンバーに向けるのです。その大前提は、部下に関心を持つことでしょう。そのためのツールとして、1on1は、かなり有効であると確信します。

部下一人ひとりの人となりを知るために、1on1は役に立ちます。部下の人となりを知ることによって、次の行動について、一人ひとりにより適した指示やアドバイス、そして業務のアサインができるでしょう。

ヤフーにおいて、そのことは多くの成果を生み出したのではないかと思います。うまくいったかどうかは措《お》くとしても、役員同士の間でも、社内に1on1が定常化していることを前提とした会話が出るぐらいになりました。

2012年に1on1を始めてからこの間に、ヤフーは社員数が倍増し、グループ会社も増えました。オフィスも移転しました。さまざまに折り重なるように生じた環境変化に対し、上司と部下とのコミュニケーションの量が増えたことが混乱を回避し、業績を伸ばしていく、組織の根底にある力を強くしたのではないかと感じます。

ただ、それはまだ胸を張れる成功ストーリーというわけではありません。環境変化、競争状況の変化に応じて、この先もヤフーの1on1は進化をしていかなければならないと考えています。

ヤフーにとって1on1とは何だったのか、と考えると、言葉をぶつけ合いながら新しいビジネス、新しい価値を生み出す過程だったのだと思います。組織には、ある局面において「何も言わない方が得」ということがあります。あるアイデアを口に出した人が、責任を負わされる、だから言わないでおこう、みたいなことです。しかし、それをみんながやり始めたら、企業の成長は止まります。

私たちは「健全な領空侵犯」という言葉を使うのですが、チーム外のことであっても、おかしいと思うことがあれば、発言をする。指摘をする。そのような言葉のぶつけ合いが新しいものを生み出しますし、ときには大きな事故を防ぐことにも通じます。そのようにして組織のDNAはつくられていくのではないでしょうか。

前著『ヤフーの1on1』で、私たちは、「上司は壁打ちの壁になれ」と書きました。部下が打ってよこすボールをそのまま弾き返す。そのやりとりを通して、部下は自分の考えを深めていく、ということです。そのことは今でも繰り返し述べているのですが、そこから少しだけ足を踏み出し、言葉を重ね合うことによる真剣勝負、それがより質の高い共同作業につながるのではないか、とも感じるようになりました。壁打ちの例えを使うのなら、ただ跳ね返すだけでなく、少し強いボールを打ち返す、ということになるでしょうか。

もう一つ、やはり1on1の根底にある「経験学習」を回す場であってほしい、と思います。第5章で経験学習の研究者である松尾睦《まこと》・北海道大学大学院教授との対談をまとめていますが、1on1は次の行動を約束することで、1サイクルが終わります。そして、職場に戻って、その行動を実際にやる。そして、フィードバックを受けて修正する。そこでの上司の役割は、教えることではなく、次の打席に立たせることとです。そのようにしながら、経験学習は回っていきます。

正解が見えない、あるいは正解がない時代にあって、上司の役割は変わります。言葉を重ね合わせる1on1のやりとりを通じて、ともに最適解を見出していく。そのようなコミュニケーションが、強く求められているのだと思います。

2 1on1の目的

会社が1on1の目的を定めて1on1を導入しても、1on1を行う人たちにとってその効果は異なってきます。このことが、1on1を導入する際に組織で混乱を招く原因の一つになっていると思います。

例えば、「上司が、部下の仕事に関する経験を聞くことによって、経験学習を促進する」は、ヤフーが1on1を行う目的の「一丁目一番地」とも言える、もっとも大切にしているものです。しかし、会社が経験学習を目的として1on1を行っていても、対話の流れによっては、部下から上司への相談になることもあるし、上司から部下へのフィードバックの場になることもあります。このように、1on1は対話を通じて、ダイナミック(動的)かつ即興的に行われます。私たちが1on1をしているとき、感覚的には、複数ある目的が対話の流れによって常に変わっていく、水に浮かんだ葉っぱがふわふわと方向を変えていくような感覚を持っています。部下の話の流れに沿って、目的を合わせていくような意識です。

これは1on1を継続して実施している人ならイメージできることだと思いますが、経験していない人に理解してもらうのはとても難しい。したがって、まずは１ｏｎ１をふわっとゆるく始めて、のちにブラッシュアップしていく方が、導入方法としては適しているように感じています。

本項では、１ｏｎ１の目的について、代表的なものを整理してみたいと思います。あらかじめお伝えしておきたいのは、ここで概説するのは一般的な目的であって、それを押しつける意図はないということです。むしろ、本書が目指すのは、読者のみなさまに１ｏｎ１の可能性を感じていただくことにあります。１ｏｎ１は、実践する人によって、それぞれの目的や思惑が違ってもよいのです。ぜひ、本項に「のっかって」みなさまなりの目的を定める際の参考にしていただけたらと思います。

目的1　部下との信頼関係を構築する

１ｏｎ１の目的を語るに当たり、部下との信頼関係は、前著『ヤフーの１ｏｎ１』では強調しませんでした。しかし、働き方改革が浸透し、新型コロナウイルスなど未知の事態に対応しなければならず、さらに、ジョブ型雇用の重要性が指摘されるなど、個が尊重される時代において、「信頼」は組織の成果を高めるためのキーワードになると思います。

上司が部下の話をよく聴いて（傾聴）、話の前後関係や、部下の思いを理解するという１ｏｎ１の基本動作は、部下の上司に対する信頼を得るための、有力な方法の一つです。では、なぜ1on1を通じて、部下の話を聴くことが信頼を高めることにつながるのでしょうか。

それは元来、人は話を最後まで聴いてくれる相手には心を開くものだからです。このことは、話としては自然に聞こえるかもしれませんが、普段の生活においてこの事実が意識的に活かされている場面は多くありません。

この話は、逆の例を用いた方が理解しやすいかと思います。例えば、患者が症状を訴えるのを途中でさえぎって、わかった顔で早々と診断を言い渡すお医者さんがいたらどうでしょうか。あるいは、お客様のクレーム内容を聴き終える前に、あらかじめ用意した説明を始めるカスタマーサポート係はどうでしょうか。また、失敗を犯した生徒に事情を話す機会も与えず、一方的に助言を披露する教師の場合はどうでしょうか。いずれも詳しい知見を持つ人たちが、むしろ良かれと思ってスピーディに進めてくれているのかもしれません。しかし、心情的にはモヤモヤが募るのではないでしょうか。困ったときにまた相談しようと思える相手になり得ないのは明らかです。

これらの例は、部下が何を思い描いてその業務に取り組んだのか、どう考えてその仕事を進めようとしているのかを、話半分に聞いたところで持論を持ち出してくる上司と似ていないでしょうか。「悪い人じゃないんですけどね」という部下からの声が聞こえてきそうです。

また、これに付随して言うと、心を開くというのは、相手の話を受け止める姿勢ができるという意味でもあります。つまり、真摯に聴いてくれた人の話に対してなら、こんどは逆に聴く耳が持てるということです。上司・部下の関係に当てはめれば、部下は聴いてもらえることで、自ら本音を話す心境になるだけでなく、それに続いて上司の話を聞く準備が整うということです。ですから、もし部下に自分の話を聴いてもらいたいのなら、まずは先に上司の側から、部下の話に関心を持って耳を傾けることが、とても有効な一歩になるのです。

そして実際に多くの部下は上司に「自分のことを理解してもらいたい」と思っている、と私たちは考えています。もちろん、部下は自分のすべてを上司に知らせたいわけではありません。隠しておきたいこともたくさんあります。しかし、職場の良好な対人関係を築くためには、上司は部下のことを知っている方がよいし、部下は自分のことを上司に知ってもらっている方がプラスです。

信頼関係とは、「こんなことを言っていいのだろうか」「こんな言い方をしても大丈夫だろうか」といった、言わばコミュニケーションの選択幅を広げる上での安心感のようなものです。相手が何を好み、どんなことに抵抗を感じるのか、また、現在のコンディションはどうかなど、個別の価値観や目下気に留めていることについての情報が多ければ、それだけ適切な言葉選びが可能になります。相手のことがわかっていればこそ、上司は相手に届く言い回しを選択できますし、部下は思い切って言うべきことを口にすることができます。これが、ひいては物事を迅速、かつ、的を射た方向に進められるかどうかを大きく左右することになります。

古い話になりますが、かつての職場には、「飲みニケーション」という習慣がありました。また、同じ職場の仲間意識は高く、休日に同僚と旅行したり、正月には上司の家を訪ねて新年会をする。上司の家では、家族全員が部下を客人として迎える文化がありました。

念のため書きますが、このような昭和のカルチャーを賛美するつもりはありませんし、個人的にはそういう習慣は得意ではありません。ただ、そのような場を通じて、私たちは、お互いのことを理解してきたし、今よりは信頼を得やすい状況であったことは確かです。

ところが今は違います。個が尊重される未来において、このような懐古主義は通用しないでしょう。すなわち、信頼関係を築くためには、これまでとは異なる方法を考える必要があります。

このような事情を背景に、「わざわざ定期的に」上司と部下とが1対1で向き合うことで、上司が部下の仕事に対する価値観や本音を知ることは、部下の信頼を得るための有効な打ち手の一つになるはずです。なお、上司が部下と1on1を行うという業務は、誰でも比較的容易に始められる、ハードルの低いツールであるということも付け加えておきたいと思います。

目的2　部下の経験学習を促進する

経験学習とは、第5章で北海道大学大学院の松尾先生との対談の中でも説明がありますが、文

字通り経験から学ぶことに重きを置く人材育成の方法で、個々の仕事経験を学びに換えて、次の業務に活かしていく、という考え方です。ヤフーにおいて経験学習は、社員の誰もが知る人材育成のコンセプトであり、1on1を実施する目的の中心に位置づけられています。

人の成長を決める学びの要素の比率として「7：2：1」の法則があります。この法則は、人事や人材育成の世界では広く知られています。具体的には、7割が「仕事経験から学ぶ」割合で、2割が「他者から学ぶ」割合、1割が「研修や書籍から学ぶ」割合ということです。

つまり、人は圧倒的に経験から学び成長する、ということです。にもかかわらず、企業は研修や本を読ませることを中心に人材育成を進めようとする傾向にあります。これでは社員教育の効率が悪いのではないか。これが「7：2：1」の法則から得られる示唆の一つです。

もう一つここで気づくのは、学びの源である社員の経験を、より確実に成長に結びつけることこそが、人材育成の要諦なのではないかということです。ただ経験したというだけでは、十分な成長につながらない。だから企業は、経験を学びに「変換するプロセス」に注目すべきではないか。その場として1on1を活用しよう、というのが、私たちが意図するところです。

1on1に経験学習理論をプラスして、業務を通して経験したことを意識的に振り返り、そこから学びを得ることを目指しています。社員にとって1on1は、自分自身の経験を素材にして学びを生み出す場になります。それを後押しするために、上司は傾聴し、あるいはコーチングによって気づきを促すことが行われます。

ヤフーで1on1を推進したある社員は、「ちゃんとした1on1をやると、業務時間のすべてが研修になる」と言います。つまり、仕事をしている時間そのものが学びの時間になるということですが、1on1での気づきや学びが、普段の業務のやり方や考え方を変えるヒントとなっているというわけです。

これを、図1に従って説明すると、部下の具体的経験をもとに、その経験を掘り下げて内省をしてもらい（省察的観察）、ほかのケースにでも適用できるように教訓を引き出し（概念化）、次の仕事（新しい状況）に活かしていきます。このように、経験学習サイクルを何回も回していくことによって、部下の学びは深まり、アウトプットの質が徐々に上がっていくことになります。それが部下の成長につながっていくのです。

一般的に、この経験学習のサイクルについて説明するとき、内省が強調されるのですが、同じくらい重要なのは、学んだことをいかに次の状況に活かすか、上司と部下でともに考えることです。例えば、研修の参加者が成果を仕事の実践において示すことは、「研修転移」と呼ばれ、研修を企画する人にとっては重要な視点の一つです。

図1　経験学習サイクル

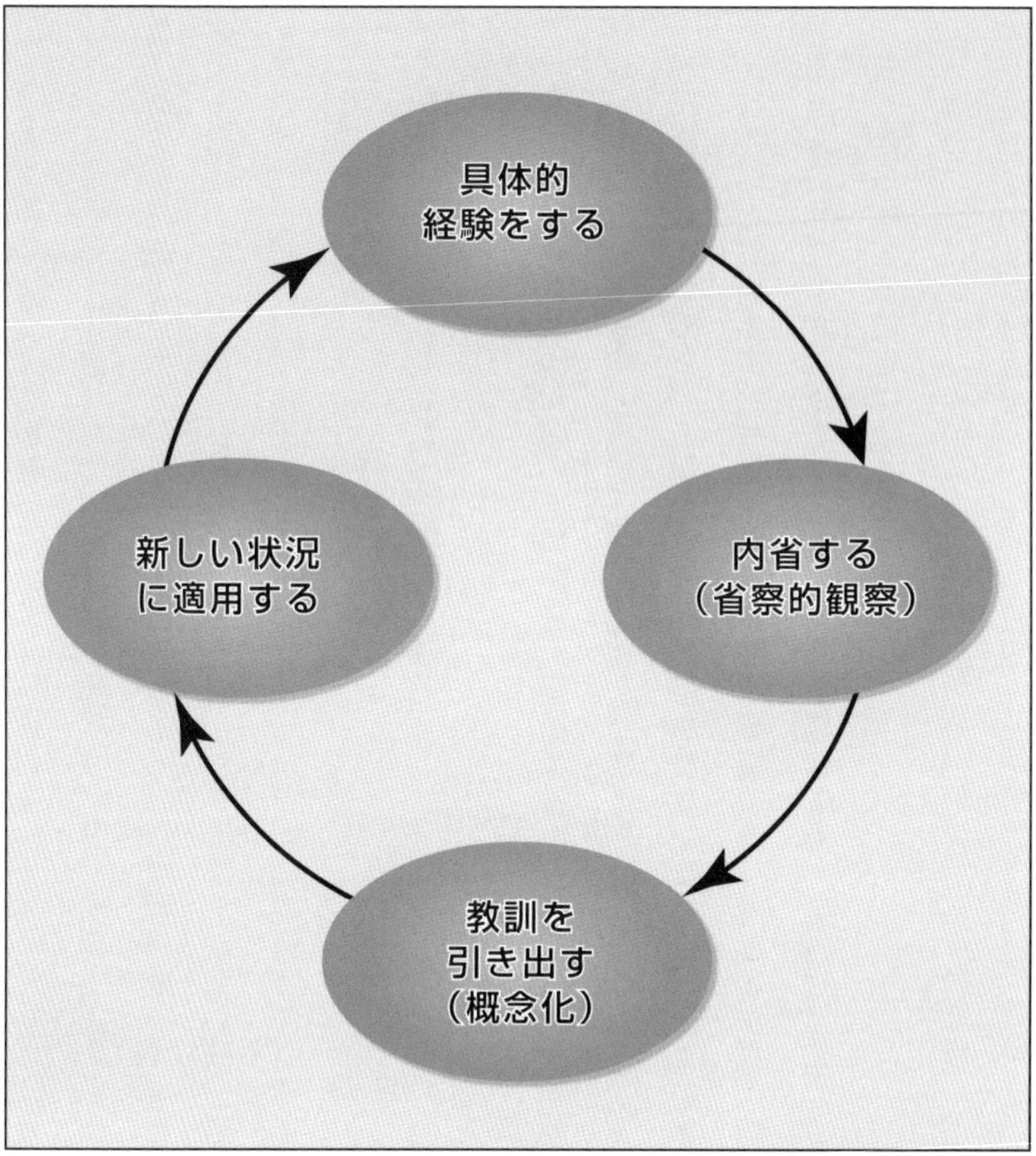

出所：コルブ（Kolb, 1984）に松尾睦氏の知見を加えてダイヤモンド社が作成

同じように、部下が自らの経験から何かを学んだら、上司の協力で、その学びを活かす新たな機会をつくっていくことも、ヤフーの１ｏｎ１の特徴です。ＶＵＣＡ[1]と言われ変化のスピードが速く、社員が常に新しい知識を取り入れて学んでいく必要がある状況では、すべての社員が１ｏｎ１を通じて学び続け、成果を出すことが重要になります。加えて、ヤフーの１ｏｎ１は、過去を振り返り教訓を得ることより、次の行動や、行動の修正に重きを置く、未来志向の施策であることを強調しておきます。

目的３　ホウレンソウの機会とする

私たちが新人だった頃、上司から「組織ではホウレンソウが重要だ」と教えられました。ホウレンソウとは、報告、連絡、相談の頭の漢字を取った造語で、当時は多くの人が知っていました。30年経過した今でも、上司から教わったホウレンソウを覚えていますし、同じような経験を持つ人は多いと思います。ヤフーの１ｏｎ１の場でも、内容がホウレンソウになることは珍しくありません。私たちが部下と１ｏｎ１をする場合でも、「今日は報告でもよいですか？」と言われて、そこから始まることはよくあります。

ヤフーの１ｏｎ１の目的は、「社員の才能と情熱を解き放つ」というスローガンにもあるように、社員の人材開発を大切にしつつ、会社を成長させていくことにあります。その目的から逆算して、とある回の1on1が、ホウレンソウの場になることを、私たちは否定しません。なぜなら、私たちが実現したいゴールは、社員と会社の成長の実現であり、ときとして、目の前の仕事を「やっつけて」しまった方がいい場合があるからです。

かつてヤフーでは、「爆速」を全社員に共通するコア・バリューに据えて、意思決定や報告、実行を速く行うことに、会社を挙げて取り組んでいました。今でも、かつてほど強調はされないものの、スピード感をもって業務を進めることは重視され、ヤフーのDNAとして組織に刷り込まれています。では、爆速に仕事を進めるとは、どのようなことを言っているのか。それは、企画書を早く書くとか、権限を現場に委譲するとか、やり方はいろいろありますが、中でも大切なことは、ボール（タスク）を、個人が長く持たないことだと思います。私たちは組織で仕事を行っているのだから、一人で悩んでいないで、迷ったらすぐに相談するべきです。特に重要な案件の場合、キーパーソンのアポイントを取るだけで1~2週間かかってしまうことも多い。そうなるくらいなら、定期的に行われる1on1の場を確保しておいて、ホウレンソウをしながら事業を進めた方がよいこともあるでしょう。

1 Volatility（変動性）、Uncertainty（不確実性）、Complexity（複雑性）、Ambiguity（曖昧性）の頭文字を並べた言葉。1990年代後半に米国で軍事用語として発生したが、2010年代になってビジネスの世界でも使われるようになった。

読者の中には、「社員が考えることに時間をかけず、上司に聞いてばかりいたら、成長しないのではないか？」と思う方もいらっしゃるかもしれません。その指摘は正しいと思いますが、社員の成長を優先した結果、会社の成長を後回しにするわけにはいきません。個人と会社の成長の両立こそがマネジャーの仕事です。

目的4　フィードバックとそこからの学びを得る

自分は、自分のことがわからない。

ビジネスに限らず、良好な人間関係を構築するために、この教訓を意識することは重要です。組織であればさまざまなフィードバックの機会を設けて、個人が周りからどう見られているのかを知ることができます。こうした仕掛けによって相互理解を深め、組織の成果を高めるような試みが行われています。私（本間）も人事の責任者に就任した２０１２年から、「フィードバックの本数を増やし、フィードバックの導線を太くする」という大方針のもと、３６０度サーベイや「ななめ会議」[2]などの機会を増やしてきました。

その一方で「自分の専門家は自分」とも言われます。前述した「自分は自分のことがわからない」とは逆の意味になりますが、私は両者を合わせて、次のように解釈しています。

「人は案外自分のことを知らないから、フィードバックを受けて、自分の盲点を知り、自己認識の精度を高める必要がある。加えて、自分を変えられるのは自分だけなのだから、自分の行動を変えてみて、さらに新しくフィードバックを受けて調整していく必要がある。これこそが大人の学びである」と。

組織においては、働く人がフィードバックをもらって行動につなげること、その行動に対して再度フィードバックをもらい、会社の利益に貢献できる人に育っていくことが大切であり、このサイクルをテンポよく回すことが求められます。そして上司は、この一連のプロセスに関与することによって、部下の育成に貢献できます。なぜなら、フィードバックから自分の学ぶべきポイントを解釈し、行動を改善していくことは一人では難しいからです。

そもそも、フィードバックを素直に受け取ること自体が難しい。私は、ヤフーで、エグゼクティブにフィードバックを伝える役目を負うことがありますが、過剰に反応する人が少なくありません。中には、「このフィードバックをしたのは誰ですか?」と犯人捜しならぬ、コメントをしてくれた相手を特定し

2　役職者が、メンバーから見た自分を知り、自らの強み・改善点に気づくことで、自己改善・成長するために実施する。また、役職者とメンバーとの相互理解を深め、チームビルディングを加速させる。

たがる人もいます。

エグゼクティブですらそうなのですから、一般社員にもフィードバックに心理的な抵抗を感じる人は多いと思います。しかし、私たちの狙いは行動を修正することなのですから、フィードバックを素直に受け入れてくれないことには先に進めません。このようなとき、上司が部下の話し相手になるだけでも、部下が冷静さを取り戻す手助けができます。

また、フィードバックを解釈し、学びに変えていくプロセスにおいても、上司は重要な役割を果たすことができます。上司は部下の性格だけでなく、強みや改善点を知っているので、適切な助言ができる可能性が高いし、部下に合った次の挑戦を提案できるかもしれません。

このように、１ｏｎ１を通じて、上司は部下の学びの伴走者になることができるのです。

目的5　部下のモチベーションを高める

上司の一番の役割は何でしょうか？

私たちは、部下にやる気を出してもらい、個人と組織の成果を最大化することだと思っています。この点について考えてみましょう。

例えば、お金であれば、貯金しても金利はわずかですし、投資をしてもリスクを伴います。一

方で、社員（人的資源）はどうでしょうか。前にも述べましたが、上司の影響でモチベーションが下がって、ポテンシャルの半分しか成果を上げられないこともあれば、逆に、通常の50％増しの成果を上げることもある。それが人的資源の特性なのではないかと思います。

個人的な例ですが、私（本間）はお調子者なので、これまで良き上司にうまく「乗せられて」仕事をしてきたという自覚があります。私の上司は私の性格をよく理解して、絶妙なタイミングで声をかけてくれたり、挑戦的な仕事を与えてくれたりしました。もちろん、会社員なので人事評価は気になりますが、それ以上に上司の存在は大きかったのです。

やや過激な持論ではありますが、１９９０年代から国内に広がったＭＢＯ（Management By Objective、目標による管理）は、成果主義を浸透させるという目的では一定の効果はあったものの、個人のモチベーションやチームとしての成果という意味では、課題も多いのではないでしょうか。このような、言わば「成果主義の機能不全状態」において、上司が部下に適切に関わり、部下がやる気を高められるように配慮することは重要であると思います。それができない上司が、部下より高い給与を得る理由はありません。

私は、モチベーションは上司に高めてもらうのではなく、自分自身でコントロールすべきであるという信念を持っています。しかし、上司が部下のモチベーションの維持に貢献することはできると思います。１on１を通じて、上司は部下に「この半年間でもっともやりがいを感じた仕事は何？」「それはどうして？」と聞いたり、上司の普段の観察から「Aさんは、〇〇をやっているときに、イキイキしているね」と伝えることにより、部下のモチベーション維持に貢献することが可能だと思っています。

VUCAの時代を迎え、企業もさらなる変革が求められますし、管理職（上司）の役割も複雑になっています。また、ビジネス書などで紹介される管理職の役割も、小難しいものばかりになっています。こういうときこそ、シンプルに上司の役割を定義して、部下のモチベーションを高めることに貢献するような、部下をワクワクさせるような上司を目指したいものです。

目的６　意思決定に必要な組織の情報を得る

これは他の５つと並べると少し異質で、部下への直接的効果というよりも、上司が副次的に得られるものであり、私（本間）自身が組織の責任者として「助かるな」と感じている効果です。こういう表現をすると、一見、部下のためでなく上司のための時間のように聞こえるかもしれませんが、上司が組織の状態を知ることで、ぐるっと回って部下たちの職場環境の改善に還元されるという趣旨の話でもあります。

組織の規模や業務の種類にかかわらず、組織のリーダーには適切な判断を行うことが求められます。適切な判断を行うためには、判断する能力（頭脳）と情報が必要になりますが、私は優れた意思決定には、判断する能力よりも、情報が重要なのではないかと思うことがあります。

例えば、人事の領域で言えば、AさんとBさんのどちらを昇格させるかという判断が求められたとき、必要なのは選ぶ力ではなく、Aさん、Bさんに関する確かな情報です。しかし、現場や部下の間で誰もが知るような情報を、上司だけが知らないということがよくあります。この例で言えば、Aさんは上位者にとっては良いフォロワーではあるけれど、部下に対しては面倒見が悪く、ハラスメント傾向がある。一方で、Bさんは上にはアピールはしないが、フォロワーからは慕われている。そのようなことはよくあります。

このような情報は、1on1を続けていると、こちらから聞かなくても得ることができます。

事実、私が1on1をしていると、「本間さんだから話をしますが」とか、「（ポジションが）上の人はご存じないと思いますが、これは現場ではみんなが知っていることでして」という話を聞くことがあります。そうやって得た情報を鵜呑みにすることは避けるべきですが、知らないより知っていた方がよいことが多いのも事実です。

さて、ここまで6つの目的に整理してみました。

１ｏｎ１を始めた当初から目的に据えてきたもの、そこに、途中から判明してきた効果を明示的に目的化したものが加わっています。このように、実践しながら新たな効果を発見し、目的ラインアップを更新してきたとも言えます。

２０２０年時点におけるヤフーの１ｏｎ１の目的は、以上のようにまとめることができました。しかしながら、これはあくまでヤフーの１ｏｎ１です。読者のみなさまにとっての１ｏｎ１は、どのような目的で実施されていますでしょうか。あるいは、どんな効果を期待して始めようとされていますでしょうか。

第2章 企業の取り組みを知る

1on1とはどのようなもので、何を目的とするのかを考えたあと、本章では1on1の実践を進めている企業の事例を紹介します。どのような組織課題があり、なぜ解決手段として1on1を選んだのか、また具体的にどのように浸透と定着を図ってきたのか。そこには、それぞれ固有のストーリーがあります。いずれも現在進行形の事案ではありますが、お話をうかがうと試行錯誤はあるものの、多くの社員が実際にやってみることを通して、その効用に気づいたり、対話の質が高まることを体感しているようです。それぞれの工夫と、それぞれのプロセス、そして見え始めた成果まで、学ぶところの多い事例ばかり。業種を超えて、対話の仕組みが組織を元気にすることをご理解いただけるのではないかと思います。

Case 1

パナソニック

パナソニック ソリューションテクノロジー

グループ10万人が進めるコミュニケーション改革

◆組織課題

事業環境、ビジネスモデルの変化や、社員の価値観の多様化に合わせ、上司と部下とのコミュニケーションの質と量を上げていく必要がある、との認識

◆なぜ1 on 1だったのか

A Better Dialogue（ABD）が目指す「上司と部下とのコミュニケーションの質と量を上げる」ための最善の手段であると考えられたから

◆導入時期・対象

2019年から、パナソニックを中心にグループとして取り組みをスタート

パナソニック

パフォーマンスマネジメントの見直しの一環で導入された1on1

2019年5月、NHKの『ニュース7』で、パナソニックが1on1ミーティングをスタートさせたことが報じられ、話題になりました。日本最大級のスケールを誇る製造業が、上司と部下との1対1の対話を始める。そのことに多くの人が驚いたのは、人的スケールの大きさからだけではなかったでしょう。かつての日本的経営を象徴するような大企業のパナソニックが1on1を始めることは、衝撃をもって受け止められたと思います。

「元々の土壌として、パナソニックは、上司が部下を育てるという風土がとても強い会社だと思います」。1on1の本社事務局である戦略人事部の西峰有紀子さんは、このように言います。「そのようなベースがあって、コミュニケーションを大事に考えているマネジャーが多かったので、コミュニケーションを活性化させる方がいい、ということについては、基本的には誰もノーと言わない感じではありました」

そもそも1on1の導入は、パフォーマンスマネジメントのあり方を見直そうという中で生まれたものでした。評価の根底にある、上司と部下とのコミュニケーションの質を上げていく必要がある、との課題感が浮上したのです。そこで、解決手段の一つとして1on1が組上に上がり、いくつかの事業部でのトライアルを経て、2019年4月から全社施策として正式にスタートしました。

西峰さんは振り返ります。

「パフォーマンスマネジメントは、それまでの制度ができて20年経っていたので、環境変化に対応するため改変する必要がありました。目標管理やキャリア・能力開発の仕組みについては、期初の4月に目標設定をして10月に中間チェックの期間を設けて、3月の期末に成果確認に臨んでいましたが、上司から部下に話をするという一方通行に止まりがちであったり、評価が前面に出過ぎてしまい、どうしても固い面談になってしまうという側面もありました。そこで、2019年から導入したA Better Dialogue（ABD）という新たなパフォーマンスマネジメントの仕組みでは、年3回という固定的なやり方にこだわらずに、対話の頻度を上げて量を増やし、質の向上につなげていくことを目指しました。それを実現する手段が1on1です。目標管理とキャリア・能力開発を含めて、いろいろなテーマをもとに上司と部下がもっと対話の頻度を上げて、すり合わせをしながらお互いに成長していこう、というイメージです」

1on1の導入に当たっては、まず社内カンパニー、事業部の人事担当者に周知を図ることを徹底しました。新しいパフォーマンスマネジメントと１on１について、何のためにやるのか、どうやって進めていくのかを理解してもらうため、全国の拠点を回り、のべ20回を超える説明会を行いました。

その際、特に製造部門を担当する人事担当者からは「なぜ必要なのか」「製造部門でできるものなのか」という質問が多く挙がりました。１on１について、IT系やベンチャーでやるもの、というイメージが強く、導入しても製造部門で果たしてフィットするのか、という声が上がったのです。製造部門においてもビジネスモデルがどんどん変化していき、単品ハード売りから変化していく必要があること、素早くビジネスモデルを転換していくことが求められていること。社員の世代交代やダイバーシティが進み、キャリア入社や外国籍の社員も増えてきており、これまでの人員構成と大きく変わりつつある中で、それに合わせたコミュニケーションの変化は避けられないこと。そこでは上から下への一方通行ではなく、双方向のコミュニケーションが不可欠である。そのように丁寧に説明を重ねていきました。

戦略人事部（取材当時）の北垣信太郎さんは、次のように指摘します。

「弊社は事業分野もかなり幅広いグループです。そのため導入の過程では事業ごとにビジネス環境の違いも踏まえる必要がありました。一律に、これからはソリューションだ、などとは言い切れないところがあるからです。ただ、大きな流れでいうと、上司と部下が年に数回しかないコミュニケーションでパフォーマンスを上げられるような環境ではなくなってきています。変わらなければならないのはどこも一緒ですから、そんな議論をしながら導入を進めていきました」

働き方を変えていく一連のムーブメントにABDと1on1も合流する形に

こうした事前の周知活動を経て、実際の導入に際しては、さまざまな研修や説明会を実施しました。

まず、マネジャーを対象とする研修を通して、制度に対する理解を進め、ABDのポリシーの浸透を図りました。人事を担当している執行役員副社長（当時）がABDへの想いを語る3分のメッセージ動画を作成し、ポータルサイトで公開もしました。

また、制度を周知させるために、さまざまなタッチポイントをつくりました。ポスターやステッカー、タペストリーなど、職場に掲示できるようなツールを作成し、希望する社内カンパニー、事業部へ配付しています。例えば三角POP（写真参照）は、1on1のときに上司と部下が一緒に見ながら、こういう質問をすればいいのか、などと1on1への理解を深め、参考としてもらえるように作成しました。

「人事制度は、とかく現場サイドには〝強制される〟〝やらされる〟という抵抗感がどうしても生じてしまいますので、できるだけ親しみやすく、みんなに〝やってみようかな〟と思ってもらえるような発信方法を工夫しました」（西峰さん）

そのようなさまざまな仕掛けも入れつつ、1on1を始動させていきました。

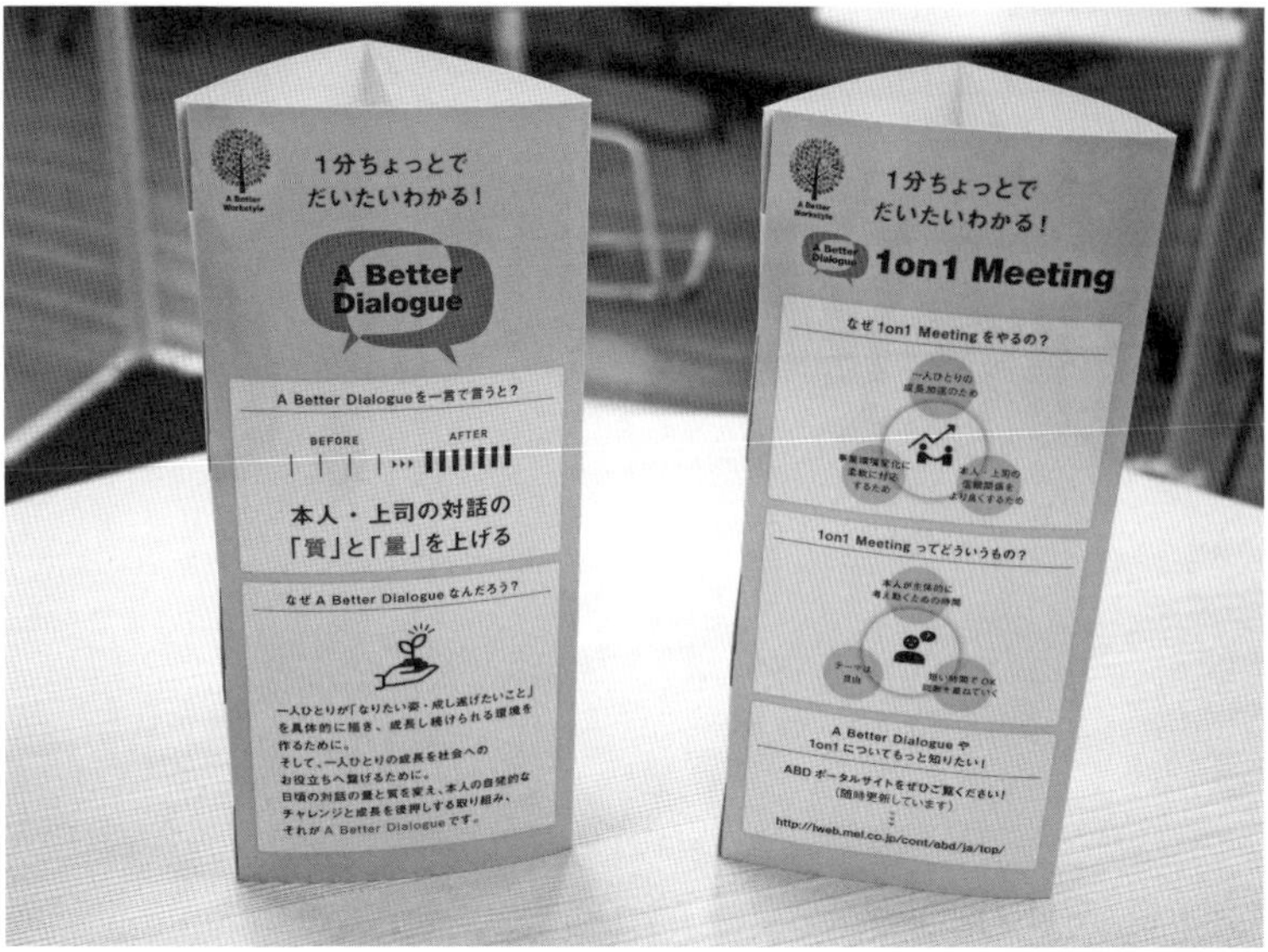

1on1の目的や「やり方」が書かれた三角POP

実は、1on1は、グループ会社でBtoBソリューション事業を展開するコネクティッドソリューションズ社が2018年、全社スタートの1年前に、独自にスタートしていたそうです。2017年に、元の松下電器産業からダイエー社長、日本マイクロソフト社長を務めた樋口泰行さんがコネクティッドソリューションズ社の社長として復帰（パナソニック代表取締役専務執行役員も兼務）。企業風土の革新を強く訴えかける樋口社長によって、例えば事業方針の発表をジーンズにTシャツで行うなど、新しい風を吹き込み始めてもいました。1on1も、そんな革新の流れの中で、コネクティッドソリューションズ社でグループ全社に先駆けて始まっていたのです。

また、それとは別にABDに先行して、働き方改革の全社プロジェクトも立ち上がっていました。ドレスコードをなくすこと、オフィス環境の整備、社内複業、社外留職の制度新設など、働き方を変えていく一連のムーブメントにＡＢＤと１ｏｎ１も合流する形になりました。コミュニケーション改革を行うには、格好のタイミングとも言えました。

「コネクティッドソリューションズ社が導入すると聞き、私たち本社の検討メンバーも、その説明会をオブザーブしました。また、働き方改革のプロジェクトで、新しいワークスタイルを考える上で、１ｏｎ１をトライアルで入れてみようという事業部もいくつかあり、そのような先行事例を踏まえて、全社施策として制度設計をしていきました」（北垣さん）

１ｏｎ１の推奨頻度は、無理なく実施できるよう「原則として2週間に一度、ないし1カ月に一度」としました。前に述べた製造部門では、導入について障害はなかったのでしょうか。

「製造現場では進め方に悩まれている方が多かったので、マネジャー層に何人か集まってもらって、座談会的に状況を聞いてみました。そこでは、部下側から上司に話をする場そのものは、職種に限らず必要だ、と誰もが声をそろえていました。製造ラインでは機械を常に動かしているため、勤務時間中に現場から離れることはなかなか難しいけれど、機械の横でちょっと立ち話でやってみました、という方もいました。そのように、必要性を感じている方々の間では工夫を凝らしつつ、積極的に取り組んでもらっています」（西峰さん）

実施率は事業部トップのコミットメントの強さと相関がある

スタートから1年。1on1の現状はどうなのでしょうか。

「2020年7月時点で、実施率は約7割。これは先行実施していたコネクティッドソリューションズ社を除く数字です。私たちは2週間から1カ月に一度の実施を推奨していますが、その通りに実施している、と答えた人はまだ少なく、月に一度も実施していない、という人がまだ多いのが現状です」。西峰さんはそのように言います。

この実施率について、戦略人事部の菊川万友さんは「製造部門を含めて約7割という実施率は、導入初年度にしてはまずまずの数字ではないかと思います。もちろん、100%の実施率を目指していきますが、一方で、職種別の実施率など、きめ細かく検証する必要があると考えています。例えば現在、コロナ禍でリモート勤務比率が高い間接部門などは、従来以上にコミュニケーション頻度を高める必要があるでしょうし、製造現場を含めた一律の対応を職場に求めるべきではないでしょう。実態をよりブレークダウンし、強化するべきポイントをメリハリをつけて実行していくべきでしょうね」

それでは1on1に対する満足度や、対話の内容については、どのように受け止められているのでしょうか。

「2020年7月のアンケートで、〝1 on 1をやってみて変化はあったか〟と聞きました。すると、〝変化があった〟という方から〝特にない〟という方まで、バラつきはあるのですが、変化を感じている方の受け止めには、大きく分けると3つの傾向がありました。

1つ目は業務にプラスになったという肯定的なとらえ方で、〝業務目標とか業務の進め方が1 on 1できちんとすり合わせができる〟〝上司と部下、2人が相互に理解した状態で業務を進められるのが良かった〟〝自分に何が期待されているかわかるようになったので、安心して仕事を進められるようになった〟というコメントがありました。

2つ目は、〝上司との信頼関係ができた〟〝業務以外のことでも相談できる安心感がある〟というような、人間関係でプラスがあった、というもの。

3つ目は、1 on 1やABDの目指す姿そのものでもあるのですが、〝主体的に考えて行動するという原動力になっている〟という意見。似たようなもので〝仕事に対する意欲が上がりました〟〝人任せにせずに、自分が進めていきたいという方向に自信を持って進める〟というコメントもありました。これらは、導入から1年経ったからこそ出てくるコメントかな、と思いました。変化を感じてくれる人が増えれば、私たちがやれと言わなくても、自然とできていくのだろうと思います」（北垣さん）

巨大組織であるだけに、頻度について、また腹落ち感について、バラつきがあるのはやむを得ないところでしょう。むしろ、実施率が7割というのは、驚くべき浸透度と言えるかもしれません。

実施率に関しては、一つの傾向があると言います。それは事業部トップのコミットメントの強さとの相関です。

「従業員意識調査でスコアが上がった事業部の話を聞くと、その傾向が明らかです。今、事業部のトップは、従業員意識調査の結果を意識して見るようになっていますから、それと1on1とを紐づけて発信するなど、今以上にトップへの働きかけを強めたいと考えています。アンケートの結果については、カンパニーごとに出せるようにしています。経営会議の場で、トップに報告もしています。あるカンパニーでは、トップが実施率を見て、〝なんで実施率が100%じゃないんだ〟と指摘されて、そこから人事として1on1を浸透させる取り組みに力が入れられるようになったと聞きました」(西峰さん)

全社導入から3カ月経った2019年7月、実は私(本間)は社内のフォーラムに招かれて1on1のデモを交えて講演をしました。

「その様子を全社に中継で配信しましたが、それもABDと1on1についてのタッチポイントを増やす試みの一つです。そこでは社長の津賀(一宏)も登壇して、社内コミュニケーションについての自身の考えをざっくばらんに話しました。講演は録画して、社内ポータルサイトに動画も上げています。フォーラムの事後アンケートを見ていると、いろいろな感想が寄せられていました。各事業場、カンパニーでも経営層から1on1やコミュニケーションに関するメッセージを、かなり頻繁に出しています。

ＣＨＲＯの三島は、自分の部下と１ｏｎ１をやっており、トップの姿勢は現場に対して、大きな影響を生み出していくと思います」（西峰さん）

会社が競争力を持ち続けるため一人ひとりが自分で考えるという姿を目指したい

２０２０年3月、本社事務局は10の事業部を回って進捗状況についてヒアリングをしました。すると、事務局による仕掛けとは別に、独自の手法で浸透度を上げる取り組みをしている事業部が多かったそうです。

「１ｏｎ１の実施について、オリジナルのシートをつくって進捗を確認していたり、オフィスの改革プロジェクトで食堂がリニューアルされたのを機に、１ｏｎ１用スペースの新設や、ＡＢＤと１ｏｎ１の動画を流すなどプロモーションをしていたり、各職場が自分たちで考えて、さまざまな取り組みを進めてくれていました。外部の会社と組んで、独自の研修プログラムをする、というところもあります。

このあたりの取り組みは、各事業部の人事担当者の熱意によって違ってくると思います。人事の他、各カンパニーにある働き方改革推進組織も１ｏｎ１の展開に対してさまざまな取り組みを始めています。例えば、独自に１ｏｎ１ハンドブックをつくってカンパニー全社員に配付して、そのハンドブック

共用スペースや食堂に三角POPを置いた

がとてもわかりやすかったため、カンパニーを超えて、別のカンパニーでも同じものを展開するということもありました。そのようなカンパニーを超えた動きがどんどん生まれてくるといいなと思います」（西峰さん）

こうした動きは、「意外」と言ってはおそらく失礼であるし、正しくはないのでしょう。従来にない発想による新施策であっても、それが腹落ちするのなら、巨大組織であってもその神経系統はいっせいに動き出す。繰り返しになりますが、マーケットがグローバルに、かつ激しく変化していき、それに対応する形でビジネスモデルを転換していくことが求められています。そこでは、かつての拡大成長を支えた上意下達の意思決定とコミュニケーションでは乗り切れないでしょう。そのような危機感も共有され、パナソニックは全グループを挙げて、コミュニケーション改革を、ひいては風土改革を本気で進め始めたと言えます。

「アンケートのコメントを見ていると、信頼関係の構築に伴って評価への納得性が上がった、と書く人もいました。反対に、やらない理由とか、やっているけど満足していないという人の自由記述を見ると、話を聞いてもらえない、必要なサポートを受けられていない、など上司との関係性について言及していることが多い。上司・部下間の信頼関係と評価への納得性は、絡み合っているのだろうなと思います。鶏が先か卵が先かに似ていますが、上司・部下の関係性が良くなってきた一方で、評価についてまだ納得できていないから1on1をやりたくない、という意見もあり、さらに声を拾っていく必要があると感じます」（北垣さん）

つまり、まだ基本的な考え方を打ち込んでいく余地があるということでしょう。そのために、誰をどのように刺激していけばいいのでしょうか。

「カギを握るのは、やはり事業部の人事だと考えています。そこで、今は現場人事に武器を与えるというのをテーマにしていて、例えば事業部主催できる1on1の振り返り会のコンテンツをつくったり、1on1練習会のパッケージをつくったり。事業部人事がそれぞれの組織の課題を認識し、手を打とうとしたときに使えるコンテンツがある、という状態にしていきたいと考えています」（西峰さん）

さらに考え方の浸透を図っていきながら、実施率を上げ、満足度を上げることが課題となるのでしょう。そして、やる気がマックスになるためには、コミュニケーションの改善と相まって実現される個々人の働きやすさが、組織としてのアウトプットに結びつく必要があるでしょう。それにはいま少し、時間はかかるのかもしれません。

西峰さんは指摘します。

「1on1をやってもらえない理由、やっても効果が感じられない理由を考えてみると、なんでパフォーマンスマネジメントの制度がABDに変わったのか、なぜ1on1をやるのか、というところに、まだまだ納得がいっていない人が多いのだろうなと思っています。最終的には、組織としてのアウトプット向上や、上司と部下がともに成長していくことによって会社の業績につなげていくということをゴールに置いているので、それを念頭に置いた上でやってもらう1on1か、やらされ感でやっている1on1かで、全然効果が違ってくるはずです。そういう意義とか必要性を継続して発信していかないといけないし、地道な発信を通じて、そのような会社の風土ができてくるといいな、と考えています」

最後に、1on1を進める3人に目指す姿を聞きました。

「私個人の考えですが、部下がちゃんと上司に言いたいことが言える、上司も部下にきちんとフィードバックができているというサイクルができて、何も言わなくても1on1ができているという状態に持っていきたいです。自然と１on１ができている、ということは１on１の必要性、良さを実感してもらえているということだと思います。それを見届けるまで、全社として浸透活動に手を抜いてはいけないと考えています」（西峰さん）

「この取り組みはエンドレスだと思います。人事の究極のテーマじゃないかと思っています。１on１だけで言うと、それは実施率が１００％になる、自発的にやってくれたら、ということはもちろん、成果につながっていくということを求め続けなければいけないので、時代もビジネスの環境もどんどん変わる中、それに応じて１on１もＡＢＤも進歩・発展させていかなければならないと思っています」（菊川さん）

「測り方は難しいですが、自律的な社員が増えているというのが目指したいところ。個人的な感覚では、パナソニックは歴史のある大きな会社なので、自分が何もしなくても会社は動いていくし、ある程度の生活はできる。だから、どうしても受け身的になりやすいという面もあるのではないでしょうか。ただ、それだと先々、この会社が競争力を持ち続けられるか。一人ひとりが自分で考える姿を目指したいと思います。その手段の一つとして１on１をやっていくということではないでしょうか」（北垣さん）

パナソニック ソリューションテクノロジー

「1on1支援システム」の見える化効果

パナソニックの100%子会社で、SI、クラウド事業を専門とするパナソニック ソリューションテクノロジーは、本社に先んじて2017年から1on1をスタートさせていました。

「そもそもは〝働き方改革〟の一環として、コミュニケーションの活性化施策を検討していました」。伊藤一義常務は、このように説明します。

「もともと、社員が300人体制の頃、パナソニック本体などから約400人が移籍してきて、クラウド事業に注力するということになった経緯があります。ですから、バックグラウンドの異なる社員が融合する必要がありました」

こうした背景から、コミュニケーションを密にして生産性を上げるための手法として導入されたのが1on1でした。それまでは業績評価制度に則って、年3回しか上司と部下が面と向かって話す機会はなかったといいます。

スタートした当初は、「忙しくて時間が取れない」「何のためにやるのかわからない」などという声も上がったそうですが、徐々に定着。直近のアンケート結果では、社員の75％が「やって良かった」と評価しているそうです。

２０１９年4月からはオール・パナソニックとしての１ｏｎ１に合流しました。その結果、例えば年3回確認となっていた目標管理制度が随時確認へと変化することで、１ｏｎ１の実施頻度も上がるなど、本社制度と有機的につながることになり、現在に至っています。

パナソニック ソリューションテクノロジーで１ｏｎ１が比較的スムーズに定着した背景には、２つの要因がありそうです。一つは経営トップのコミットメントの強さ、もう一つは自社開発した「１ｏｎ１支援システム」による制度の見える化です。

前者については、このあとに掲載する香田敏行社長のインタビューにまとめました。香田社長は２０１７年に着任した当初より、風通しの良い社風を確立することを目指しており、「バッドニュース・ファースト」という理念を掲げてきました。１ｏｎ１は、そのような経営トップの考え方と姿勢にピタリとマッチしたといえます。

もう一つの「１ｏｎ１支援システム」は、以下のような仕組みです。

基本的には、部下から上司に対して１ｏｎ１をやりましょうとリクエストする仕組みです。まず共有しているスケジュールから、上司の空き時間を確認し、１ｏｎ１リクエスト用アドレスを宛先にしてメールを送ります。すると上司、部下と両者の予定表に登録されます。こうしてスケジュールが確定すると、次にシステムから１ｏｎ１登録のお知らせというメールが送られ、ここで実施スケジュールの本登録が完了します。

当日、上司は１ｏｎ１を実施するときに開始時間と終了時間を入力するとともに、部下がどういう話をしたかを書き込み、さらに5段階の自己評価を入れて終了します。スケジュール管理はOutlookで運用され、実施レポートはファイル共有サービスのSharePointで連動できるという、きわめてシンプルなシステムです。

このシステムでは、人事側のデータベースで誰がどのように１ｏｎ１を実施しているかがわかります。予約されている日付が過ぎても開始ボタンが押されていない場合にはアラートが上司側に飛んだり、誰と誰が何回１ｏｎ１を実施したかを可視化できるというようなメリットがあります。さらにアンケートによる満足度調査も行うことができるなど、総合的に１ｏｎ１をバックアップする仕組みになっています。このシステムを運用しながら、現場では実施状況がデータ化されるとともに、体感できるようにもなりました。

「半年ぐらい経つうちに、１ｏｎ１で上司と向き合う社員の様子が、上位層にも伝わってくるようになりました」。伊藤常務が振り返ります。

「同時期にオフィスをフリーアドレス化したこともプラスに働いたと思います。部下との対話に積極的なマネジャーは、それこそ実施率が１００％です。でも、やらない人はほとんどやらない。そんな様子がデータでも把握できる一方、フリーアドレスなので、〝あの人とこの人がしょっちゅう集まってしゃべっている〟というのが見えるようになります。〝何をやってるんだ？〟〝1on1らしい〟〝でも僕はやってもらっていないぞ〟などと、みんな気がつくようになりました。一生懸命やっている課長さんはやはりいる。それが見ていてわかるのです。これは、会議室でやっていてはわからなかったでしょう」

伊藤常務自身、香田社長と1on1を行っています。

「私が社長と1on1をやる、というのがスケジュール上みんなに見えるのです。そうすると、部下から〝社長にこういうことを提言してもらえませんか〟などと言ってくる。社長が話を聞く場だとわかっているからです」

システムによる見える化の効果は、こんなところにも表れています。

「上司の忙しそうな様子を見ていると、時間をください、と言いにくかった」

見える化システムに支えられて浸透している1on1は、職場に対してどのような効果をもたらしているのでしょうか。

「そろそろやった方がいいですよ、という通知がシステムで来ます。実は、今月も通知が来てから急いでやりました」。ＳＩ一部ＳＩ三課の岩田和也課長は言います。「私は上司と部下、両方と１ｏｎ１をやる立場ですが、会議などフォーマルな場での話を、そこで深掘りすることができます。本音に近いところが聞けるため、それに応じて業務への取り組みを変えることができますから、いい手法だと思っています」

心がけているのは、ある程度の準備をして臨むこと。ノープランだと、近況報告だけで終わる、というのがその理由です。

一方、「相談したいことがあっても、上司の忙しそうな様子を見ていると、時間をください、と言いにくかった」というのは営業三部の瓦間友基さん。「だから、１ｏｎ１はありがたい機会です」

つい先頃、話せてよかった、と思ったできごとがありました。

「この4月に受注した案件で、条件面でお客様と揉めてしまったことがあり、私の営業スタイルが悪かったのではないか、と落ち込みました。その話を１ｏｎ１で上司にしたのです。進め方が悪くて申し訳なかったと謝罪し、それによってすごく自信がなくなってしまった、どうしていけばよかったのか、などと素直に話しました。それに対して、ここで気づけたのはよかった、とアドバイスをしていただき、自分の営業の仕方のすべてが悪かったわけではない、と納得することができたのです。メンタルをケアしてもらえる機会になり、もう少し頑張れそうだと思えました。実は、ちょうど新入社員のメンターをしている時期で、常に後輩がそばにいる状態なので、上司に相談しにくかったのです。Microsoft

「Teamsを使って、在宅で1on1ができるのがありがたかった。完全に上司と2人なので、包み隠さず話ができました」

同じように、コロナ禍の状況だからこそ対話の貴重さを感じた、というのが営業業務部セールスプロモーション課の濱本彩香さんです。2020年4月に組織変更があったのですが、新しい上司は大阪に常駐する人でした。しかもこの状況で、メインとしていた業務が減ってしまい、不安を感じていたといいます。

「ポジションにふさわしい貢献をしたいという気持ちがありましたが、仕事が減り、それができなくなってしまいました。ですから、1on1のときに、他の仕事がほしい、ということを切々と話しました。定例的な業務報告などでは、なかなかできない話です」

結局、新たにやってみたい、という業務の希望を述べ、それを了承してもらうことになりました。チャレンジをしたい、という思いを、汲んでもらう形になったのです。

「1on1だから話しやすい、ということもありますが、弊社は話しやすい上司が多い、といういい環境であるのかもしれません」と濱本さんは言います。

「指示命令は上から来るが、１on１は逆流する」

今回のインタビューでは、一般社員だけでなく、対話のカギを握ると思われる中間層、ここでは部長層の話も聞きました。１on１における「部下の話を傾聴する側」の意見も聞きたい、と考えたからです。

「建前の後ろが見えるようになったのではないでしょうか」。興味深い話をしてくれたのは、引場慶一郎執行役員でした。どういうことでしょうか。

「公式な報告はフォーマルですから、相手の感情的な面はわかりません。ある業務について、〝本当はやれるとは思っていなかったけれど、やれると言ってしまった〟というようなことがあるわけです。会議は報告の場になりがちですから、意欲のような部分もつかみにくいもの。やる、と言った者が命じられる、ということもありますし。１on１だと、例えば企画として昇華する前のアイデアのような、ややぼんやりした話もできます。初動というか、起こりかけていることが寸前でわかる、という利点もあります」

もう一人、ＳＩ一部の村田裕雄部長は、事業開発の視点から次のように言います。

「新しい事業への取り組みが、なかなか引き出せなくて苦労しています。メンバーには、それぞれ考えているところはあるようなのですが。そんなことを聞く機会として、１ｏｎ１はうってつけです。案件から新しいソリューションの企画になっていくケースの最初は、会社の仕組みでは成り立たないものがほとんど。社内でも反対されるケースが多いのです。その意味でも、１ｏｎ１で味方をつくっていくというのは、いいと思います」

１ｏｎ１の目的は、コミュニケーションを活性化する、ということもありますが、何より実現するべきなのは成果を上げることであり、業績向上に資することです。フォーマルな場では言い出しにくい、現状に照らせば困難に見えるアイデアであっても、口に出してみれば賛同者が出て、困難を突破するようなプラスアルファを与えてくれるかもしれません。

引場執行役員は「指示命令は上から来るが、１ｏｎ１は逆流する」と、卓抜な表現をしました。もしかすると、これが１ｏｎ１のど真ん中の効用なのかもしれません。

パナソニック ソリューションテクノロジーでは、１ｏｎ１を始めて以降、一人当たり売り上げは上がり、ソフト技術者の生産性も毎年上がっているといいます。また、離職率も下がり、メンタルダウンによる休職者も減少しています。

今後の課題については、部下の成長につながるように対話の質を上げること。そのために、上司の話法についてトレーニングをする段階に来ているかもしれない、と人事担当の岩尾修一取締役は感じています。

「実施率の低いところには人事から警報を出すかどうかなど、それは悩んでいるところで、強制力を持たせた方がいいのか、社員の自主性に任せた方がいいか、いつも狭間にいます。ただ、今のところは、自主性に任せて実施率100％に近づけたい、と考えています」

このように自然体であることが、パナソニック ソリューションテクノロジーの1on1が、うまくいっている秘訣であるのかもしれません。

バッドニュースにも怒らず「ありがとう」と言うようにしています

パナソニック ソリューションテクノロジー
香田敏行 社長

基本スタンスは「バッドニュース・ファースト」。風通しのいい組織にしたいと考えてきました。現場が今、どうなっているか知りたいし、裸の王様になりたくないと思っています。その一つの手段として、1on1はウェルカム。立場が上がるとフラットな情報がなかなか上がってこなくなりますから、それを防ぐ意味でもいい制度だと思います。あるとき、もっと気軽に話しかけてよ、と現場社員に言いましたら、「いつもビシッとスーツを着ていて近寄りがたいところがあるんですよ」と言われたことがあります。ああ、そんなところも気になるんだ、と感じましたね。最近は、ドレスコードも廃止したので、そういうことはなくなりましたが。

2017年に着任したとき、営業と技術の間で情報の流れが悪い、と直感的に感じました。それから3年経って、風通しはかなり良くなった、と思います。役員会の場など、フォーマルなところでは、なかなかざっくばらんな話はできないものです。私自身、月に1回、役員と1on 1をやっていますが、情報収集の機会としては、たいへんメリットがあります。

特にコロナの環境下で、そのことをより痛感しています。さまざまな職制レベルでの懇談会を年に数回やっていましたが、それができなくなった。代わりにMicrosoft Teamsを活用した

１ｏｎ１で、課題感を探り出すとか、「在宅勤務で、どうよ」というようなカジュアルな対話もしています。悪い話はリモートの方が話しやすいのかもしれません。１ｏｎ１でコミュニケーションが活性化したことにより、お互いの理解が深まり、今まで以上にあらゆる情報をTeamsで早めに報告してくれるようになりました。社員の意識は変わってきたと思います。

「バッドニュース・ファースト」も、できているのではないでしょうか。

難しいのはフラットに聞くことで、怒らないように我慢して「ありがとう」と言うようにしていますね。そうしないと、悪い情報は上がってこなくなります。もちろん怒らないといけない場面はありますが、いきなり怒ってはいけない。立場が上の者が下の人に感謝を述べるのはやりにくいことではありますが、私自身、そういう姿勢をかつての上司から教えられました。

１ｏｎ１では、ＣＴＯとディスカッションするのが一番楽しいかな。私も技術者ですから。あるテーマで対等な関係でじっくり話ができる。会議では十分伝えきれない考えなどを話すことで、腹落ちする、と言ってくれる。こちらも、会議で時間の関係で聞けない考えを知ることができる。堅苦しくなく、そんな話ができるのがいいところです。

インフォーマルな対話の場は、大事です。定例的な会議で話をしたことの、行間を埋めることもできます。部下の近況も定期的に聞けますし、気持ちの距離も縮まります。現場感のあるリーダーシップのために、１ｏｎ１はかなりいい手法だと思っています。

事例解説

これだけ変化が激しい時代において、みんなコミュニケーションを必要としているという、いい事例だと思います。10万人でもできるということは、つまり1on1が「筋のいい手法」である、ということです。臨床心理学のカール・ロジャーズは傾聴＝アクティブ・リスニングを提唱しましたが、それはなぜかというと、人の心に触るということがいかにリスキーかということがわかっていたからです。1on1は安全な方法で、壁打ちをするとか、立ち話でもするつもりで、ということだから、10万人でもできるのだと思います。

パナソニックの事例には、注目すべき点がいくつもあります。まず、現場にとっての必要性が、1on1をドライブしていると感じさせます。さまざまな研修や説明会など、タッチポイントを多くつくっていますが、WHYの部分を明確に進めることを意識しているのでしょう。かつてのメーカーの小集団活動的なアプローチが有効に作用していますが、大手メーカーが制度を変えて、それをちゃんと浸透させていくという手続きの中で1on1を大事にしていった、という感覚があります。また、人事部門の仕掛けだけでなく、多くの事業所が独自の研修を企画するところもすごい。さらに、ダイバーシティの塊のような製造部門でも1on1を実施している点でも、先駆的な例といえるのではないでしょうか。

現状、実施率が7割というのはちょうどいい感じだと思います。すぐに10割というのも怪しいし、3割でもきついかもしれない。「月に一度も実施してない社員が多いのか」と見るべきではなく、「これぐらいでOK」として進んでいることが、ヘルシーな感じがします。大企業が対話を企業文化にしていく、ということは、こういうことなのではないでしょうか。

一方、パナソニック ソリューションテクノロジーで一番すごいと思うのは、「1on1支援システム」です。メールで予約を入れて、スケジュールに入れてカウントする、コメントする、というシンプルな仕組み。結局、スケジュールを入れる権限を部下に渡しているだけですが、この「わかってる感」がすごい。「まずは、部下の話を聞いてやってくれ」というシンプルな思想を表しています。

香田社長が語る「悪い話を上げる風土をつくる」というのは、そのまま強い組織の条件であると思います。的確な意思決定には、社員の能力以上に、情報量の方が効く、というのは正しいでしょう。

若手社員のコメントにある「上司に声をかけづらい」というのはよく聞かれることですが、実は上司も部下と話したがっているのに、声をかけづらいということがあります。1on1は、そういう躊躇をなくします。相談する、その結果バッドニュースが上がる。つまり、古いコミュニケーションが有効だということです。これがすべて、と言ってよく、コミュニケーションそのものが目的なのではありません。1on1に本当に効果はあるのか、という見方については、これが何よりの反証であると思います。

人事を管掌する岩尾取締役が言われる「実施率の低いところに人事から警告を出すかどうか、悩んでいる」というのも、わかってるな、と思います。「いいからやれ!」などと言わないところが1on1的でもあり、このセンスが素晴らしい。

パナソニックグループのような大企業では、トップが考えていることや戦略の意味、意図などは、なかなか伝わらないはず。それを共有して浸透させる場としても1on1が使われているのではないかと思います。イントラネットやメールを使って社内の議事録がバンとオープンになって、いっせいに知ることができるから伝わるんだ、というのは幻想で、意味内容を正しく伝え、その行間を埋めるためには、上司が自分の言葉で言って聞かせるということがもっとも有効。そうした対話がマネジメントの中では一番重要だ、ということだと思います。

Case 2

日清食品

進み始めた「背中を見て覚えろ」からの脱却

◆組織課題

営業組織が活気を失っていた。社員に成長実感を持ってほしかった

◆なぜ1 on 1だったのか

目標とする「成長実感カンパニー」になるには上司と部下のコミュニケーションが不可欠だったから

◆導入時期・対象

2017年から、営業部、マーケティング部の300人を対象にスタート

上司と部下が対話を通して ともに深く考える場が1on1

日清食品は、「カップヌードル」を主力商品とする大手食品メーカー。従業員数1万2983人を擁する日清食品グループの中核会社です。通過目標として掲げていた時価総額1兆円を2020年6月30日に上回りました。

成熟している国内即席麺市場にあって、「100年ブランドカンパニーの実現」を目標に、なお高い成長を目指す同社ですが、この数年は、数字には表れない停滞感があったようです。それを象徴的に示すのが、営業組織の元気のなさ。そこに営業企画部（当時）の深井雅裕さんは、危惧を抱きました。

「2015年だったと思いますが、社長の安藤（徳隆）と、ガラス張りの社長室からフロアを見ていました。私は当時、タイの現地法人から帰ってきたばかりでしたが、会社の現状について話す中で、社長が〝なんか営業、元気ないよね〟と言うのです。確かに、営業目標は着実に達成してはいるのですが、それが個々人、組織として活気づいているようには、見えませんでした。これから即席麺ビジネスは少子高齢化の中で、難しい局面を迎えます。海外展開の積極化や、新しい事業への進出を図らなければいけないときに、まず、営業部門のメンバーが元気にならないとダメだよね、という話になりました」

その後、人事部門とも議論を進める中で、これからの成長に向けて目指す姿として「成長実感カンパニー」というキーワードが出てきました。社員一人ひとりが、少しでもいいから日々成長を実感できるような会社にしよう、というイメージです。そして、具体的な方策として浮かび上がったのが1on1ミーティングでした。これには私たちの前著である『ヤフーの1on1』もヒントになったそうです。

上司と部下との対話を促進することで成長実感を持たせよう、という方針は、同時に企業文化を刷新することも意味していました。というのも、多くの企業がそうであったように日清食品にも「おれの背中を見て覚えろ」というような昭和時代の会社のような組織風土がありました。それでもマーケットが成長を続けるのであれば、業績は伸びていきます。しかし、会社が標榜する「100年ブランドカンパニー」を実現し、新しい食文化の創造を目指していくためには、それまでのやり方では限界があることは明らかでした。

深井さんは指摘します。

「上司と部下が、対話を通してともに考える、それも深く考える場が1on1だととらえています。号令がかかれば、みんながいっせいに走り出し、目標を達成する力は間違いなくあるのです。しかし、それはPDCA（PLAN・DO・CHECK・ACTION）のうちCAが欠けている状態。『PLAN（目標を決める）・DO（動く）』の繰り返しです。CHECK（検証、内省）は業績が達成できたかどうかを検証するものですが、一歩進めて〝なぜうまくいったのか〟あるいは〝なぜうまくいかなかったのか〟、さらには〝他の方法はなかったのか〟ということまで振り返って検証すれば、もっと強くなることができます。自分の仕事を客観視することで成長のスピードを上げることもできます。１ｏｎ１にはそういう効用があると考えました。多くの人が苦手なのですが、成長には欠かせない〝内省〟の機会を１ｏｎ１を通してつくれないか、と考えたわけです」

１ｏｎ１を狙い通りにワークさせるための前提として、いささか旧弊なところがある上下間の「関係の質」を改善する必要もありましたし、個々が「内省の質」を向上させることもポイントでした。これらを含めて、１ｏｎ１には多くの課題を解決する可能性がある、と考えられたのです。

多くのリーダー層を巻き込みながら当事者化する

とはいえ、「成長実感カンパニー」のあるべき姿が初めから明瞭だったわけではありませんでした。具体的にどういう社員同士のつながりが生まれ、どういうチームをつくっていけるのか、イメージは走りながら考えることになったようです。

「まず、私と人事部門の担当者が組織開発のメソッドを学ぶところからスタートしました。これまで当社ではあまり重視してこなかった〝関係の質〟や〝良いチーミングに向けた対話〟の必要性を痛感し、目が覚める思いでした。その後、営業担当の役員に向けた組織開発的アプローチのワークショップを開き、役員と私と人事部門の担当者が車座になって〝営業組織のあるべき姿〟などについて、侃々諤々《かんかんがくがく》の議論を繰り広げました。

当時は、〝関係の質〟という言葉を〝生ぬるい〟と感じる役員や管理職も多く、遠回りのアプローチだととらえられていたように思います。それに、ある役員からは〝あなたはどうありたいですか？〟と私が問いかけたことを、〝気持ち悪いと思いながら聞いていた〟と後々になって言われたこともありました。しかし、何度となく対話を重ねていくうちに、役員の口からも〝自分たちがリタイアした後も、営業部門の人間が仕事に誇りを持ち、イキイキと成長していけるような仕組みをつくりたい〟といった思いが出てくるようになっていったのです。

そして、風土変革の第一歩として、全国の営業部門のリーダーが集まる〝営業会議〟のやり方を大きく変えることにしました。

数字の報告がメインだった会議を、次世代の営業組織の在り方を議論する場に転換したのです。リーダーたちは面食らっていましたが、役員たちがその場をリードしてくれたことで、変革に向けたシンボリックなイベントになったと思います。

こうした流れの中で1on1がスタートしていくのですが、まず最初に全リーダーを集めてコーチングスキル研修を実施しました。〝何を話したらいいかわからない〟〝自分にもそんなことをしてもらった経験がないのに〟〝小さい営業所だからコミュニケーションは十分取れている〟といった意見も出てき

図2　初年度の施策

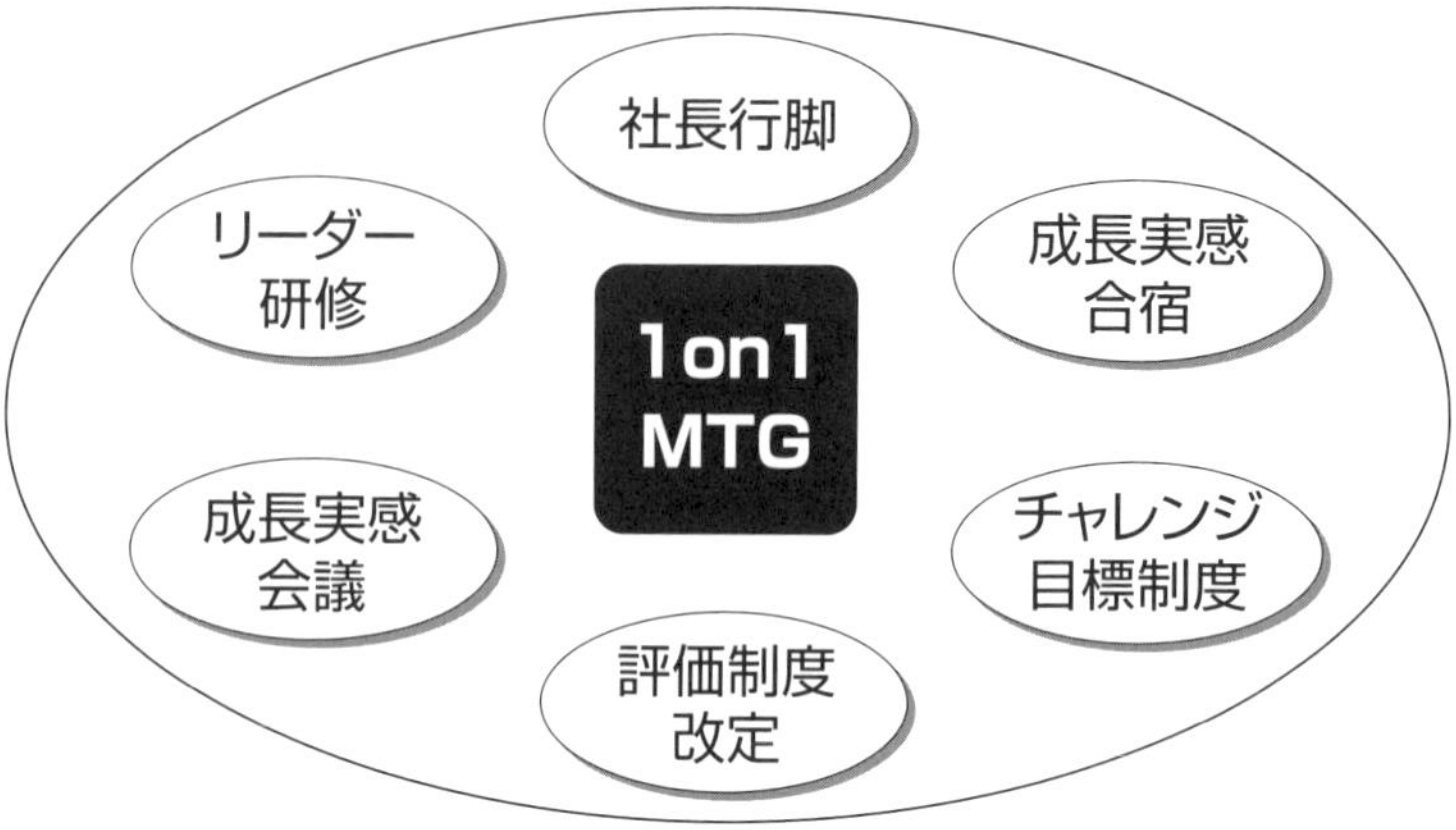

ましたが、大半のリーダーが〝じゃあ、やってみよう〟と賛同してくれたことで、2016年6月から開始しました。〝そもそもこれって何のため？〟というのが腹落ちしていないとうまくいかない、という印象があったので、事務局では管理職向けに質問シートやFAQを用意するなどの工夫を重ねました」

そもそもの考え方を伝え、実践を促すために進めた初年度施策は「リーダー研修」（全役員、管理職向けのコーチングとクリティカルシンキング研修）、「成長実感合宿」など多彩でした。役員を対象にした1on 1研修を実施するなど、多くのリーダー層を巻き込みながら当事者化することによって、全社活動として広がっていきました。

「最初に目指していたのが、立教大学の中原淳先生がよく言われる、縦軸をストレッチ経験の量、横軸を上司・同僚の関わりの量として、右上が成長実感職場であるという、ここを目指そうと言っていました」（図3参照）。深井さん

図3　職場の4タイプ

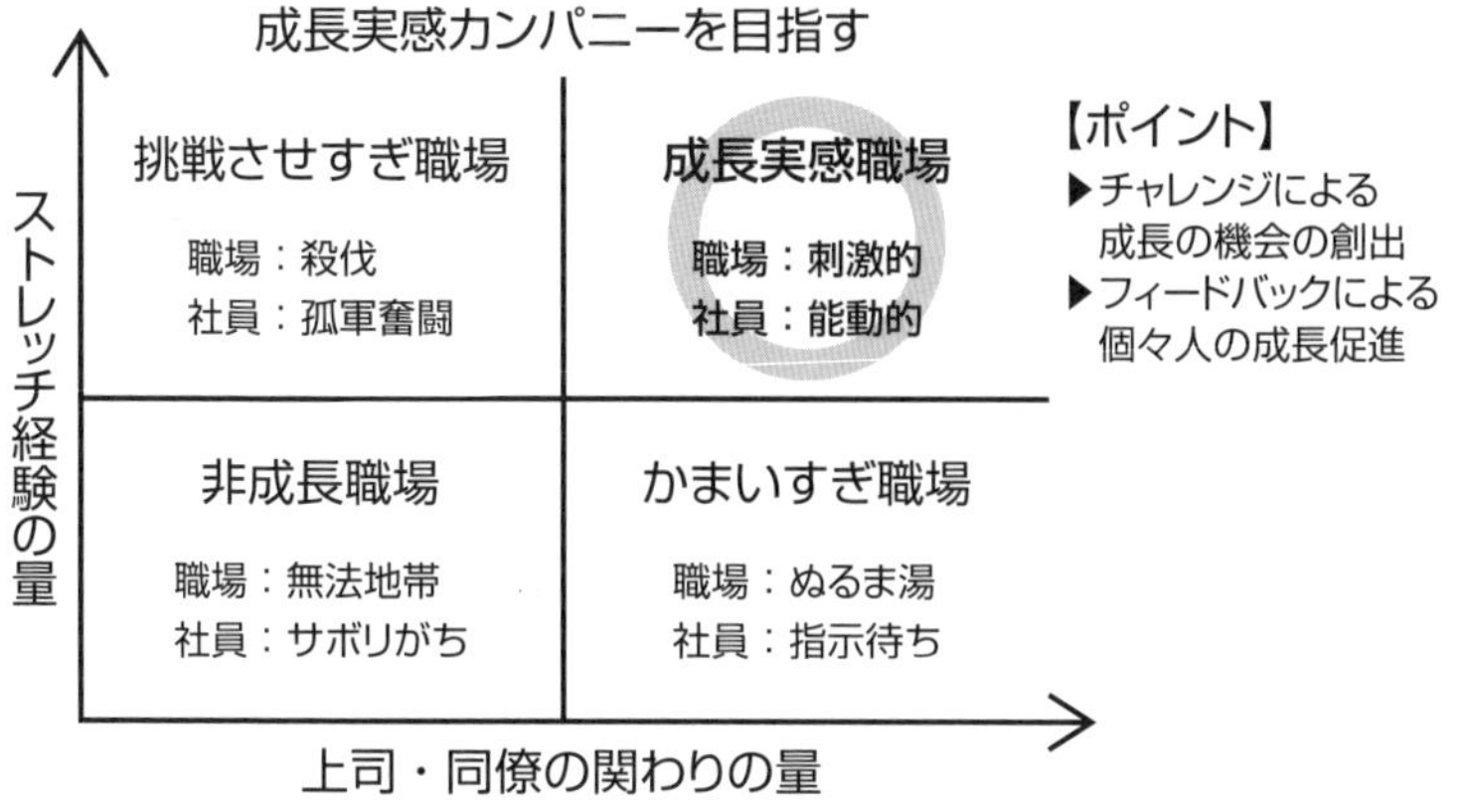

とタッグを組んで1on1の浸透を進めた人事部の段村典子さんは振り返ります。「ですから第1段階は、コミュニケーションの量を増やし、それによって信頼感が醸成されていけばいい、と考えたのです。そして第2段階では、社員全員がストレッチな機会を得るための『チャレンジ目標制度』（半期ごとの個人目標制度。自身の等級で求められるスキルセットよりチャレンジングで高い目標を立て成長実感することが狙い）、その成果を多面的に確認し、さらなる成長を促すための『成長実感会議』（半期ごとの評価レビュー会議。直属上司がメンバーのパフォーマンスと強み・課題・成長ポイントを部門長にプレゼンする）を導入しました。こうした一連の施策を通じて、成長実感カンパニーの実現を目指しました」

初めは、誰もが半信半疑であったのだろうと思います。制度導入の当事者である深井さん自身がそうでした。

「1on1ではやっぱり、ついつい自分の考えをしゃべってしまうことがありました。それで当時、本間さんに教えていただいた〝ああ、そうなんだよね〟とか〝また聞かせてね〟みたいな話法を忠実に守りながらやりました。〝オウム返ししなさい〟というようなことをそのままやってみると、これがうまくいくんです。最初は戸惑っていた部下たちも、いろいろなことを話してくれる。チームのメンバーにも、こういう感じでやったらいいよ、と共有して、みんな自然にできるようになっていきました」

スタートから4年経ち、日清食品の1on1は、どのように進展し、どんな成果をもたらしたのでしょうか。

「もっとも変わったのが上司とのコミュニケーション量です。従業員調査を毎年実施していますが、4年前と比較すると、営業部門などではコミュニケーション量が15ポイントもアップしています。もちろん上司と部下の相性もありますし、人の話を聞ける・聞けないという差はあると思いますが、間違いなく成果は出てきていると感じます。フィードバック文化が根づいてきていることも良い変化です」（段村さん）

「スタート当初、今の状況を想像できたかというと、想像できていなかったですね」と、深井さんも言います。

「嬉しいなと思うのは、社内で1on1が普通の言葉として使われるようになっていて、直属の関係ではないマネジャーに対して、1on1を頼んでやってもらう、というシーンが増えました。私の現在の部署でも部長、次長、課長クラスが、違う部署の人間から対話を求められているそうです。最初の〝1

on1って何？〟と言われていたときから比べると、みんなが積極的にコーチングを受けたり、何かしらのノウハウを教えてもらうことが定着してきたと思います。毎月〝1on1をやりましたか？〟としつこくアンケートをとっていた頃は、強制されたからやるという雰囲気だったのですが、今では1on1をうまく使ってくれる人が、少しずつですけど出てきている。地に足がついてきていると思います」

事務局が仕掛けたさまざまな取り組みが、時間とともに定着したということのようです。

ぶれることがなかった経営トップの姿勢

現場と人事が仕掛けた浸透施策と並んで、1on1の定着に大きく作用したのは経営トップの姿勢でした。

深井さんは、一時期、1on1への熱意が薄れたことがある、と明かします。

「成長実感カンパニーという表現を使わなかった時期がありました。成長のスピード、変化のスピード、1on1の浸透などが、私たちが期待しているレベルにまでなかなか行かないなあ、というストレスがあったのです。それで、全国に発信する資料などに、成長実感カンパニーという言葉を使わなくなっていました」

どんな制度でも、みんなが意図を理解し、自分事としてとらえるようになるには時間がかかります。

1on1も例外ではありませんでした。

「でも、社長の安藤は、まったくぶれることがありませんでした。日清食品グループ全体の会議の中で、ホールディングスの役員や他の事業会社の社長に向かって、〝日清食品は成長実感カンパニーを目指している。まだまだ成長する〟と宣言したのです。これにはハッとさせられました。そこからもう一回、ネジを巻き直したのです」

関係の質を高めることにフォーカスをして1on1は始まりましたが、一方で、会社の業績が劇的に変わるわけではない。信頼関係はできてきたように感じるが、それ以上には進まない。深井さんが感じた停滞感は、そのようなものだったのでしょう。そこから、1on1を補完する成長実感会議（人材レビュー会議）などの施策を強化し、例えば評価を個人にフィードバックする施策などとワンセットで、対話を深めていくことに注力しました。その結果が前述した、直属の関係ではないマネジャーとの対話が増えるなどの変化につながっていきました。

「1on1の定着については、アンケート結果をエリアごとで管理職に開示し、実施率や満足度などを把握してもらいました。データを共有したあとに、ある支店長から〝どこの営業所がやってないの？〟と、問い合わせが入ることもあり、定着に向けた施策としては効果的だったと思います。それに加え、年2回の成長実感会議では、リーダーが部門長にメンバーの実績などをプレゼンテーションしてもらっています。普段から部下を観察し、部下と対話を重ねていなければ、当然プレゼンテーションはうまく

いきません。そういった危機感も浸透につながったと思います」（段村さん）

この間、組織変更によって、営業部門ではレポートラインが短縮されました。それによって、普段の関係性が薄いから1on1がやりにくい、というようなこともなくなってきたといいます。コミュニケーションの改善は、単に1on1を行うということだけでなく、それを取り巻く環境を整備することによって、前進してきたといえそうです。

そのような改革は、社員の意識を変え始めています。かつての「背中を見て覚えろ」という時代から、より積極的な姿勢が出てきました。

「私は今、デジタル化を推進する部門も所管していますが、入社3年目の社員からとてもいいアイデアが提案されたので、すぐに社長との定例ミーティングでプレゼンしてもらったことがあります。また、私の部署の若い管理職には、社長に1on1をお願いしている者もいて、この変化には感心しています。もちろん、課題も少なくありませんが、確実に変わってきているといえるでしょうね」（深井さん）

会社に変化を起こすためには社員みんなの成長が必要で、そのために1on1という対話の場が有効である。そのことが階層を超えて浸透しているのだと感じさせられます。

日清食品では、2018年より1on1を営業部、マーケティング部以外の社員にも実施範囲を広げ、製造部門に関しても適用を検討しているところです。

事例解説

現場と人事のタッグがうまくいったという事例だと思います。人事側に言うとすると、人事が現場に貢献しようとするなら、現場に味方を見つけることです。経験的に言うと、現場には極めて少数かもしれないけれど、必ず共感してくれる社員がいます。隠れ理解者を探し、うまくタッグを組むことが成功のポイントでしょう。

興味深いのは、初期に役員を対象とした研修を実施したことです。おそらく役員たちは、長く部下の話を傾聴する、というような機会がなかったはず。また、自分の話を聞いてもらう、ということも少なかったでしょう。しかも研修内容は、それぞれ行動目標を付箋に書いて胸に貼らせるような、人間味のあるコミュニケーションを仕掛けている。写真を見せていただくと、それをみんな楽しそうにやっている。対話の良さを体感するような研修によって、経営層の理解が進んだのではないでしょうか。想像ですが、もともとコミュニケーションしたい、という気持ちがあり、それを刺激されたのではないかと思うのです。

人事の仕掛けでもう一つ言うと、アンケートを採って実施率や満足度を管理職に開示していること。これは、私たちの言葉で言うと「どれぐらい乾いているか」を示すことです。その結果からコミュニケーションの必要性を感じてもらうことによって、次の取り組みが変わるはず。

このような人事の戦略は、制度の浸透のために欠かせないことです。

カップヌードルという、マーケットにおける強力な商品を持ち、競争力のある日清食品が、先々への強い危機感を持ち、それを対話によって風土を変えるという考え方で改革を始めました。このチャレンジの意味もまた、読み取っていただきたいポイントです。

Case 3

静岡銀行

コミュニケーション改革で、部下のWILLを引き出す

◆**組織課題**

上司から部下への一方向のコミュニケーションを一因として、チャレンジ精神が失われていた

◆**なぜ1 on 1だったのか**

プロセス管理とセットで、一方向のコミュニケーションを是正するために、最適な手法だと考えた

◆**導入時期・対象**

11か店での試行を経て、2019年4月から全社施策としてスタート

アンケートによって「意見具申がしにくい」という文化が明らかに

地域経済は総じて縮小傾向にあり、多くの地方銀行が苦しい経営を迫られています。くわえて、ゼロ

金利、マイナス金利という金融政策も相まって、かつてのような預金と貸出金のボリュームを積み増して金利で稼ぐ、というストックビジネスによる持続的な成長は難しくなり、統合や合併など、業界再編の動きも見られます。

静岡銀行は、業界でも屈指の財務体質を誇る優良地銀。名古屋と東京の間に位置し、各種メーカーの生産拠点が集まる静岡県を基盤に、前身から数えれば100年以上にわたって地域経済を支えてきた歴史があります。ただ、マーケットの状況は静岡県も例外ではなく、ビジネスモデルの転換が課題になっています。

そのような環境下で、人の視点からもほころびが見え始めていました。端的な例が、若手行員の中途退社。従来は、安定職種の代表的存在だった銀行を辞めていく若手が増加し、辞めないまでも、アンケートを採るとマネジャー層を目指す比率が少なくなっていることもわかりました。

「要因の一つは、目標管理制度の長期化にありました」

経営管理部の藤島秀幸部長が指摘します。

「2001年に目標管理制度を導入したことにより、成果責任が明確になるなど、いい変化がありました。だから制度そのものが悪いわけではないのですが、20年経ってさまざまな弊害も見られるようになりました」

例えば、非常に短期志向になり、業績目標に縛られ過ぎる、という一面。かつての静岡銀行は、その慎重な融資姿勢から「シブ銀」と言われることもありました。それは決して悪い意味ではなく、顧客と膝詰めでとことん話し合った上で融資を実行する姿勢があった、ということです。そうした、企業に寄り添うマインドセットが崩れつつありました。短期業績を追う傾向が強まっていたのです。

行員の意識を知るためにアンケート調査を行ったところ、いくつかの課題が浮上しました。

まず、上意下達の企業文化です。上司は絶対であり、意見具申がしにくい、という文化です。金融サービスや商品が顧客ニーズと一致していた時代は、経験豊富な上司の言うことが正解でした。例えば、お客さまから融資の相談があれば一旦、支店に持ち帰って上司と相談することで解決できました。しかし、現在は、顧客ニーズが複雑化・高度化する中で、正解が一つではない。つまり、上司が必ずしも答えを持たない時代に変わりました。その一方で、目標管理制度が長期間運用された結果、部下にとって上司は「相談相手」よりも「目標管理者」としての側面が強くなってしまった。正解のない時代、大切なのは行員一人ひとりのＷＩＬＬ（意志・意見）です。顧客にとっての最適解を示すためにはＷＩＬＬを持った部下と上司が忌憚のない対話をすることが不可欠となりますが、それが十分にできていない状態にあることが大きな課題となっていました。

企業風土に根ざしたこのような課題を、一気に変えることは困難です。静岡銀行の改革は、ここからスタートすることになりました。

まず、改革の第一歩は、導入から20年経った目標管理制度の改定でした。今までは成果中心の評価制度でしたが、評価の30％をプロセスの評価に割り当てました。このプロセスとは、半年の評価期間のうちに成果が顕在化しなくても、将来に向けた種まきとなる活動のことです。プロセスを評価するためには、当然ながら本人とのコミュニケーションが重要になります。納得感が必要だからです。

「目標管理制度のもとで管理的なマネジメントが定着し、上司と部下との間のコミュニケーションは一方通行になっていました。金融環境が激変する中で、新たなビジネスモデルを確立するためにも、行員が自由にアイデアを話せるような風土づくりが必要。そのために、プロセス評価の導入とセットで1on 1ミーティングを導入したのです」。藤島部長は、こう言います。

現在、支店長に昇格する40歳前後の行員は、管理的なマネジメントで育った年代。その発想のままで支店経営に当たれば、顧客視点でのビジネスに転換することは難しいでしょう。このため、部下のWILLを引き出しつつ、自らも話法を変えコミュニケーションを活性化させることは、欠かせない課題でした。

藤島部長は、説明します。

「銀行の事情を優先させたり、これまでの金融サービスの中だけで考えていては新しい発想は生まれません。今の静岡銀行に必要なのは、荒野に打って出て、外部の知見に触れることだと思います。それはスタートアップかもしれないしITかもしれない。今までお付き合いのなかったところと接点を持ち、

図4　1on1導入の流れ（全体像）

我々にない知見を得ることが大切であり、これまでの常識や慣行に縛られていては成長は望めません」

慎重に進められた1on1導入

1on1は、それまでの企業文化からすれば真逆な考え方に立つ手法ですから、図4に示したように、事務局は段階的に導入を進めました。まず、人事部内でのトライアルからスタート。最初はぎこちない感じのワークだったといいますが、繰り返すうちにメンバーは面談との違いや効果を体感するようになりました。

そこでの結果を踏まえて、次に11か店でトライアルを始めました。経営からは、「本当に銀行の文化に合うのか」という疑問も提示されたといいます。コミュニケーション能力が高い社員ばかりではないので、逆効果になるかもしれないという懸念もありました。対象店舗にはワークショップを開催しましたが、そのときも、多くの支店長や社員が半信半疑だったといいます。ただ、終わる頃には、「部下の話を聞くことはいいことではないか」という前向きな感想が聞かれるようになりました。

導入後は、1カ月ごとにアンケートを採り、フィードバックするということを繰り返しました。上司側からの声として、「ついつい自分が話し過ぎてしまう」、「我慢しようと思っていたが沈黙に我慢できない」、などの声がありました。ただ、部下側からは、「普段は相談できないので、悩みを話す機会になってよかった」という意見に代表されるように、肯定的な意見が多かったそうです。

そのようにトライアルを重ね、半年後の2019年10月から、いよいよ全店での試行がスタートとなりました。

この時点で、11か店のトライアル店舗における1on1に対する有用感は、部下側で8割に達しました。企業文化に合わないのではないか、という当初の懸念に対しては、はっきりと「上司と話をすること」のニーズが高いことがわかったのです。コミュニケーション力の向上については、誰もが同じレベルに持っていけるように、ガイドブックを作成し、トレーニング・ムービーをつくって対応しました。また、自宅学習支援システムにも教育ツールを取り入れるなど、万全のバックアップを行いました。

全店展開に向けて、10月、300人以上が出席する全店長会議で、私（本間）は講演をさせていただきました。続いて、役員向けのワークショップを実施。これは、インパクトがあったようです。

このように、さまざまな仕掛けを講じることで、1on1は順調に滑り出したといいます。

その後のアンケートによれば、コミュニケーションの濃淡と、支店マネジメントとの相関が明らかになったそうです。普段のマネジメントが機能していない支店では、１ｏｎ１に対する満足度が低い、ということです。

このような傾向を踏まえて、やらされ感ではなく、前向きな姿勢で１ｏｎ１に取り組むように意識づけを図っていくことが課題なのでしょう。そして、部下のＷＩＬＬを引き出し、一人ひとりが考えて自走する組織になることが目標として掲げられています。

１ｏｎ１だけでなく、静岡銀行の意識改革、風土改革は多彩なメニューで進められています。一例を挙げれば、土曜日に開催されるホリデースクール。社員が自由に参加できる学習イベントですが、明治大学教授の齋藤孝さん、予備校講師でタレントの林修さん、銀座のクラブママの白坂亜紀さんなど、およそ銀行やビジネスとは関係の薄いゲストスピーカーを招いています。発想の転換を促すための施策の一つです。

また、社員の声を拾い上げるために、組織横断的なチームもつくりました。会社の未来について提言をする「10年委員会」、ダイバーシティについて検討する女性だけのプロジェクト・チーム、「人事制度企画プロジェクト・チーム」などの提言の仕組みです。

このような数々の施策を通して、静岡銀行にはどのような変化がもたらされているのでしょうか。

「間違いなく新しい風が吹き始めています。まだ、そよ風かもしれませんが」と藤島部長は言います。

「例えば、組織の課題について、若い社員が忌憚なく意見を述べることは、数年前では考えられませんでした。1on1については、全体の6割以上が有用性を感じていますし、コミュニケーションも変わってきました。課題だった若年層の退職も、確実に減っています。

一方、1on1をはじめとするさまざまな改革について対外的に発信することで、例えばどこの銀行でも減少が続いている新卒採用の志願者が増えました。2019年8月からは、ワークスタイル・イノベーションということで、働く時間、働く場所を自由にし、服装も自由、副業もOKとしました。自由というのは、勝手にやるのではなく、自ら考えビジネスシーンにふさわしい行動をするということです」

コミュニケーションの改革は、営業部員の話法も変えつつあるようです。

「〝本件は静銀をご利用ください〟という話法ではなく、〝何にお困りですか〟と変わり始めています。変わり始めた現場は業績が上がっている。これも相関があるということです」

1on1の浸透期を終え、静岡銀行の改革は第2段階に入ります。次のテーマは、主役であるプレイヤー層が圧倒的な当事者意識で動き始めるための仕掛けづくりと、夢を語れるリーダーづくり。銀行業のイメージを一新するチャレンジは、まだ続いていきます。

いろいろな意見が下から上がるようにはなってきたかもしれません

静岡銀行 八木 稔 専務

1on1に限らず、当行には改革のための施策が必要でした。例えば、自分の仕事にしか目を向けない、従来のやり方に固執してチャレンジ精神が失われている、失敗が許されないという雰囲気が組織に蔓延している。一言で言えば「大企業病」です。これらを改善していくためには人事諸制度や、土台にある企業風土など、さまざまなレベルでの改革が必要です。

1on1については、まだ導入から5カ月ですから、成果を問うには早いと思います。ただ、従業員のアンケート結果を見ると、上司との信頼関係など、それまでマイナスだったものがプラスになるなど、前向きな兆しは出てきたのかな、と思います。

今までの上司と部下との間のコミュニケーションは、その方向が一方向でした。目標管理を主体とする一方向の管理的なマネジメントです。それが職場の活気や、部下のやる気を削いでいた、という一面があると思います。それが1on1によって、部下のそれまでは見えていなかった一面が見えてきたり、部下としてもそれまで話せなかったことが話せるようになったりと、いい傾向が見えてきました。

私自身は1on1に対しては、最初から前向きな印象を持っていました。私は人事も所管していますから、経営管理部から1on1を導入したいと言ってきたときに本間さんが執筆された『ヤフーの1on1』も渡されて読みました。そして、この手法は変革につながるかもしれない、と感じました。その2～3年前から会社の未来を考える「10年委員会」を発足させ、私が委員長を務めています。そこでは、我々が存続していくために、何を変えて、何を変えないか、という議論をしていました。その中で若手行員から、当社の風土とか文化に対するネガティブな意見が出てきたり、一方で若手の退職が増えていたりという事象もありました。ですから、このように上下の信頼関係がない中で、1on1のようなコミュニケーション施策を導入するのは逆効果ではないか、という意見が出たのも事実です。ただ、ひとまず限定的に試行しようということになり、同時に役員向けのワークショップも開催されました。そこでは1on1を模擬的に体験するということもあったのですが、総じてプラスの印象を持ったと思います。傾聴することの意義を知り、相手に話をさせること、ポジティブな発言をしていくことで、気持ちが楽になったり、前向きになったりすることを体感したからです。やはり、やってみなければわからない、と感じました。

1on1によって、いろいろな意見が下から上がるようにはなってきたかもしれない、と思います。いろいろな疑問や意見を、立場や職責にかかわらず声を上げられる組織にしたい。とはいえ、それは言うほどに簡単ではありません。全役員が出席する経営執行会議などでは、出席しない若い層が意見をする場面はありません。いい意味で「空気が読めない」ような意見がほしいところですが。

これからの課題はマネジャー層だと思っています。2020年4月から新しい中期経営計画がスタートしたので私は全店を回っています。そこで若い社員たちとざっくばらんに話していますが、そうするとわかるのは、経営層による施策が、彼らに正しく伝わっていないということです。それよりも、どうしても業績優先という意識があるのでしょう。おそらく、そういうマネジメントになってしまっている。業績にスポットを当てるだけでなく、従業員の気持ちにスポットを当ててほしいのですが。もちろん、人事制度をはじめ、さまざまな制度のもとで蓄積されたものがあるから、本当に変わるのには時間がかかるのだと思います。

多くの地域金融機関が苦境に立たされるような、変化が激しい時代です。言い換えれば、正解がない時代でもありますが、そういう中で一人ひとりが自分で考えて行動できる、自走する組織をつくっていかないとサバイバルは困難でしょう。地域のお客様の課題を解決していくことが私たちの使命ですが、その先を見据えると、縮小する地域経済にあって、私たちは地域をプロデュースしていく機能を果たしたいと考えています。そのためにも、闊達に意見を言うことができる、そんな風土にしなければなりません。

その意味では変革は道半ばだと思っています。

事例解説

これは銀行業務に限りませんが、高度経済成長は上意下達のマネジメントが奏功したもの。モノ不足の時代、早く・安く・多く製品を作って売ることに、一方向のマネジメントは絶大なパワーを発揮しました。この、かつての成功パターンが今、企業の足を引っ張っています。銀行業界において、その成功モデルを変えようとしているところに静岡銀行の先進性があります。

今のままのマネジメントでこれからもいけるのか、上から下へ向かうだけのコミュニケーションで業績を上げることができるのか。そのことを考えさせられる事例です。

かつては融資先の事業性や、経営者の資質など、さまざまな観点から検討を重ねて融資を決定していたという慎重な姿勢。それがために「シブ銀」とも揶揄されたといいますが、それは健全なビジネスへの向き合い方だったと言えます。上司と部下とのコミュニケーション法を変えることで、かつての良きDNAを復活させようとしているようにも見えます。

1on1をうまく進めると、「対話の質」が上がります。そうなると、静岡銀行の場合、社内コミュニケーションの質が上がれば（ヤフーでも課題でしたが）、それを上手にカスケードダウン（戦略↓戦術↓目的に落とし込む）していけば、最後、支店の窓口や、客先を回っている社員の対話の質も上がるでしょう。

エドガー・シャインが著書『Helping』（邦訳『人を助けるとはどういうことか』英治出版）の冒頭で、「マサチューセッツ通りはどこか」と聞かれたら、まず「『どこに行きたいんですか』と聞け」と書いています。病院に行きたいのか、スーパーに行きたいのか、それを聞いたら、マサチューセッツ通りが正しい答えかどうかはわからない。現場の最前線の社員が、そう言えるようになること、それが対話の質を上げる、ということです。

静岡銀行の1on1は壮大な実験です。うまくいけば銀行業界のみならず、他の金融業にも広がる可能性がありますし、取引先の会社にも波及するかもしれない。そんな期待を抱かせる事例です。

Case 4

札幌渓仁会リハビリテーション病院
埼玉石心会病院

看護師の育成を促す対話の力

◆組織課題

自分の部下指導がこれでいいのか、現場管理者の認識と奮闘を知り、育成支援という形でリフレクションの場が必要だった（札幌渓仁会リハビリテーション病院）

新病院で師長の席を移したので、師長とのコミュニケーションのあり方を考えていた（埼玉石心会病院）

◆なぜ1 on 1だったのか

管理職の思いや課題を対話を通して理解したいと考えた（札幌渓仁会リハビリテーション病院）

師長ときちんと関わるために始めた（埼玉石心会病院）

◆導入時期・対象

2018年8月から。看護介護部の管理職12人が対象（札幌渓仁会リハビリテーション病院）

2017年12月から。師長13人が対象（埼玉石心会病院）

札幌渓仁会リハビリテーション病院

リフレクションの場として始まった1on1の効果

札幌渓仁会リハビリテーション病院は、2017年に新設された155床を持つ病院です。新設ということもあり、看護管理者のほとんどが新任。看護介護部の森河琴美部長にとっては手探りで看護体制をつくり、コミュニケーションを図るというスタートでした。

リハビリテーション病院は、それまで長く勤務していた総合病院の看護体制とは大きく違っていました。その特徴を一言で言えば、多職種とチームアプローチをしていく必要があるということ。森河さんは説明します。

「リハビリテーション病院は、大きく言うと看護師と介護士で構成されています。この2職種は考え方も、使う言語も違います。一つ例を挙げれば、患者さんが転倒することはままあることですが、看護師は転んでも怪我をしないように環境を整えよう、と考えるのに対して、介護士は転んでしまってはいけない、そうならないようにセンサーをつけるなどの予防策を取ろう、と考えます。私は両者を管理する立場。情報共有をして仕事を進めるのが大変であることを感じました」

対話の必要性を痛感するようになったのは、開業から1年経った頃。看護管理者によるスタッフ管理がうまくいっていないように感じていましたが、「こんな病院とは思っていなかった」「自分の役割がわからない」などというスタッフの声を聞くようになりました。

「師長をはじめとする管理者が、日々の実践をリフレクション（振り返り）していく機会がないといけない、とその時に思いました。自分の部下指導がこれでいいのか、管理課題は何かなど、現場の課題を理解し、育成支援という形でリフレクションの場が必要だと考えたのです。いろんな経験を、失敗も含めてどう活かしていくのか、一人で考えることも大事ですが、対話によってリフレクションがより有効になると思いました」

リフレクションの必要性を感じた背景には、前職での体験がありました。同じ医療法人グループの西円山病院で副看護部長をしていたときのことです。

「慢性期の管理職の人たちが、自分たちの看護に自信を持てていないように見えました。実際は、みんないい看護をしているのです。そこで、自分が経験していることの価値に気がついてほしい、と感じていたときに、『「経験学習」入門』を薦められて読みました。自分が求めていたものはこれだ、とピンと来て、著者である北海道大学大学院の松尾睦先生に来ていただき、研修をお願いしたのです」

そこで学んだ考え方が、札幌渓仁会リハビリテーション病院でも活かされることになったのです。

経験学習の考え方を重視する１on１ミーティングの導入は必然的だった、と言えるかもしれません。

すっきりしない表情で帰っていくスタッフを見て気づいたこと

２０１８年8月から、看護介護部の管理職12人を対象に、１on１はスタートしました。看護師長４人、看護主任４人、介護福祉士の管理職４人という内訳です。多くは、就職してから昇格したメンバーで、言うならば「人となりを知る」というところから対話が始まった形でした。

森河さんの思いは、管理職が日々どんな管理をしているのか、何に悩んでいるのか、何を頑張っているのか、それを対話を通して理解したい、ということでした。ただ、最初のうちは、思うように話が進まなかったそうです。新しい試みということもあったのでしょう。

「多くのことを期待して、欲張り過ぎたのだと思います。リーダーとして成長してほしい、リーダーシップをどんどん発揮してほしい、と思うあまりに、ついつい私自身の教訓を話してしまう、となりがちでした。あるとき、１on１のあと、すっきりしない表情で帰っていくスタッフを見て、これは違うなと思い至りました。簡単に言うと、私の質問力がダメダメだった、と感じたのです」

それから森河さんは、みんなが主体的に話をして、それによってイキイキとしてくれるような質問のしかたについて考え、工夫したそうです。原則として、１ｏｎ１は〝あなたのための時間である〟ということを伝え、質問を控えるとともに、話しやすい雰囲気づくりに努めました。

そのようにするうち、自分が考えたこと、感じていることを話してくれるようになり、じゃあ、それを次にどう活かしていこうか、という対話が進むようになったそうです。

想定を超えて浸透し
広がる１ｏｎ１

スタートから3年目に入った１ｏｎ１は、管理職たちにおおむね好意的に受け止められています。アンケートを採ってみたところ、「課題がわかる」「自分を知ることができる」「励みになる」といったポジティブな意見が大半を占めました。役立ったこととして、「定期的に自分の行動を振り返り整理することができる」「話を聞いてもらい安心する」など、リフレクションの効果が上がっていることが感じられます。

そして森河さんが始めた１ｏｎ１は、その想定を超えて浸透を見せています。

こんなことがあったそうです。

「看護師の離職が相次いだ病棟の管理職と１ｏｎ１をしたときに、〝部長だったらどうしますか？〟と聞かれました。私は〝辞めていった人もそうだけど、みんなどういう気持ちで働いているんだろうね〟と問いかけたところ、相手はハッとしたようでした。〝スタッフがどんな仕事をしているかは知っています。でも、どんな気持ちで働いているか知りません〟というのです。その後、別の機会に話をすると、スタッフと対話を始めた、と言いました。つまり、1on1です。詳しく聞いてみると、私が1on1でいつも聞くように、健康状態とかモチベーションとか、〝家族は元気？〟とか、そういう話から始めたそうです。すると最初は、マネジャーはどうしてそういう話をするんだろう？ときょとんとするのですが、そのうち相手は一生懸命に話をしてくれたそうです。そして、それまで知らなかったような思いや家族の状況を話してくれた、というのです」

この1on1を始めたマネジャーのいる病棟では、その後、離職率が下がったとのことです。スタッフとの1対1の対話を通して、個々人の働く気持ちを理解し、結果として信頼感が醸成された。それがスタッフが辞めなくなった理由でしょう。

まだまだ道半ば、と森河さんは謙遜するのですが、対話による成長支援が成功していると感じられます。

「管理職との距離は近くなったと感じています。〝こんなこと報告していいのかわからないけど言いますね〟みたいな会話もあります。問題をそう解決すればいいのか、と自分で気づくようになった、という成果も少しずつですが出てきたように感じます。私たちの病院の場合、新設であるという特殊性があり、それが原動力にもなったでしょう。この人たちに任せていいのかわからない、という状態で管理を任せて、早くから病院のビジョンを達成しなければならないという命題もありました。それで、何を考えて、どうやっているかを私が把握しなければいけないという状況でした。ですから、そのためのツールとして1on 1を使うというのは必然だったと思います」

対話によってリフレクションが起こり、みんなが自分で問題の解決法を考えるようになる。札幌渓仁会リハビリテーション病院は「自走する組織」に近づいているのではないか、と感じられます。

埼玉石心会病院

師長13人との対話によって看護管理を概念化することができた

狭山市の埼玉石心会病院は急性期医療を担う、地域の中核病院です。2017年に現在の場所に移転し、病床は349床から450床に拡大。その当時から看護部長を務める福島俊江さんは、移転後の2017年から師長13人との1on1を始めました。師長一人ひとりとコミュニケーションを密にする必要を感じたのには、旧病院の看護体制への違和感がありました。

「当時の病院の考え方だったのだと思いますが、看護部に師長の机がありました。つまり、現場に席がなかったのです。移転を機に、病棟のステーションに師長席をつくりました。経験を持った師長が、ときにはケアに入って背中を見せるとか、スタッフが師長と一緒に過ごす環境があってもいいんじゃないか、と考えたからです」

急性期病院として、年間7000台もの救急車を受け入れていたという多忙な職場。みんなが慌ただしく働く環境で、管理者が現場から離れていることに違和感を覚えたと言います。師長が、師長なりにやる臨床があるのではないか、という思いもありました。

病院完結ではなく、訪問看護に代表される地域とのつながりも大事。師長だからこそできるマネジメントを積極的にやってもらいたい、と考えたのです。

新病院への移転に際し、看護体制が大きく変わったことが、コミュニケーションを重視しようというきっかけになったのです。そんなときに『ヤフーの1on1』を読み、それに倣うことにしました。

「つまり、師長ときちんと関わるために始めたのです。ただ、制度にしてしまうと窮屈に感じる人がいますから、奨励はしましたが強制はしませんでした。2017年12月から始めて、2019年3月までに13人と、のべ86回の1on1を実施しました。カレンダーをつくって希望日に名前を書いてもらうというやり方です」

師長13人の受け止め方はさまざまで、みんなが積極的に対話に臨んだわけではありませんでした。それでなくても多忙な日々ですから、それは無理もありません。また、福島さんも無理をさせるつもりはありませんでした。

「1on1の一人当たりの平均回数は6・5回。一番多い人で13回です。やってみてよかったと思うのは、みんなの話を聞いて、この病院で目指すべき看護の考え方が明瞭になったこと。師長たちが言ってくれたことを言語化して、もっとも大事な看護ケアのマネジメントを中心として、看護チームのマネジメント、人材育成のマネジメント、組織運営のマネジメントという形で、看護管理を概念化することができました」

以前より自分自身で考えるようになっている

同時に１on１によって、現場のことを知ることもできたと言います。

「毎月定期的に１on１をする師長は、本当にいろいろなことを話してくれました。総括的なレポートも書いてくれたのですが、〝病棟の現場や問題点、取り組み内容を伝えるために有効である〟と評価しています。師長として、どのようにスタッフ一人ひとりのモチベーションを上げていくかとか、以前より自分自身で考えるようになっていることも明らかです。私も、１on１を通して、その病棟にいなくても、話を通して病棟のことがとてもよくわかるのです」

コロナウイルスによって、医療現場はさらに多忙となり、感染拡大を防ぐためほとんどの会議がリモートになりました。１on１についても、しばらく中断していましたが、福島さんのアイデアでMicrosoft Teamsで実施してみたそうです。

「私は対話ができて楽しかったのですが、師長からは不評でした。ある人は、資料などを用意して自分がプレゼンする時間なのに、全然、伝わったという感覚がない、と言っていました。熱意のある人ほど、面と向かって話がしたいというのは興味深い。そういう場としてとらえてるんだなという発見もありました」

１on１の導入に限らず、福島さんは違和感を放置しない、行動する看護部長であるようです。一例を挙げれば、旧病院で副部長をしていたときに、毎朝、病棟ラウンドをするようになり、部長になっても続けたと言います。

「その時間を共有することに意味があるのではないか」

「最近読んだ保育関係の本で〝目指す関わりと過ごす関わり〟という考えを知ったのですが、そういうことかもしれないと思いました。目指すことじゃなく、過ごす関わりというのが重要なんだ、ということです。１on１も病棟ラウンドも、つまり、ともに過ごすことなんだな、と思うのです。『おはよう。今日も元気？　頑張ろうね』と声をかけながら、その時間を共有することに意味があるのではないか、ということです。患者さんに対してもスタッフに対しても、それは同じことだと思います。今、病棟ラウンドは副部長に引き継いでもらっていますが」

過ごす関わりが大事だと思うから、１on１に積極的ではない師長に対して、思うところもあります。

「なんで〝座らない〟のかなあ、と思うことはあります。もちろん、忙しいことはわかっています。でも、患者中心の理念を追うために、みんなの仕事や課題を知りたいと思いますし、私の考えも伝えたい。だから、制度にしようか、と考えたこともあります。でも、義務にはしたくない。だから結局、来たい人が来たいときに来て、私は待つ、というスタイルです」

福島さんの話の中に「座る」という言葉がありました。これは1on1のことを指しています。忙しい業務の中で、部長と師長、あるいは師長とスタッフは、常に会話は立ち話。座って話す1on1は、特別な時間だということがわかります。

「1on1によって、人によっては関係性が良くなりました。その人のいいところも見えてきます。たぶん、師長が成長するというより、私自身が対話を通して足りなかったところをプラスするように成長するのだと思います。でも、日々、反省することばかりなのですが」

先に紹介した毎月1on1をしている師長の部署に、昨年、活動報告会をしてもらったそうです。いいことは種まきしてもらいたいという考えからです。慣れない発表に最初は戸惑っていたスタッフが、発表を通して、達成感を覚えたそうです。

実施から3年経ち、「私も1on1をやってみます」と言う師長もいるとのこと。種まきから、ゆっくりと芽が出始めていると言えそうです。

事例解説

病院の事例も、1on1によって、患者さんとの対話の質が変わることが期待できます。より手前の課題でいえば、業務の特性ですが、多忙な中でコミュニケーションを欠きがちになることが一因で、離職率が悩みのタネ。その点、札幌渓仁会リハビリテーション病院の例にあるように、1on1によって、すぐに効果が表れます。

看護介護部長の森河さんが若い職員の離職に悩む師長に言った「みんなどういう気持ちで働いているんだろうね」という問いかけは、卓越した一言です。1on1を終えて、すっきりしない表情で帰っていくスタッフを見て、自分のスタンスを改める、というのもすごい。企業の1on1においても、部下の反応を見て、自分の言葉やスタンスを客観的に捉えて改善できる上司は多くはありません。やはり、観察力に長けた看護のプロフェッショナルならではの姿勢なのでしょう。

埼玉石心会病院の福島さんがおっしゃっていた、「目指す関わりと過ごす関わり」というのも、いいですね。それは、私たち流に解釈すると、ビジネスコーチングでいうドゥーイング(doing)とビーイング(being)という対比のように感じます。上司は「何をやるか/やったか(doing)」という目標達成について部下に問いがちですが、そうではなく、ともにいること、時間を共有しながら「今、何を思い、どう考えているか（being）」を大事にする。それは、とりもなおさず1on1の本質であると、あらためて感じさせられました。

第3章 なぜ1on1なのか

多くの企業や組織が1on1の実践を進める背景は何でしょうか。例えば、ますます変化の激しさを増していくビジネス環境に対応していく必要があること、あるいは、かつてのような「阿吽の呼吸」が通じなくなったことなども挙げられるでしょう。ときあたかも働き方改革の推進を一つの契機として個が重視される社会に舵を切りつつあり、そこにリモートワークが広がるという大きな変化も重なりました。このようなビジネスの新しい現実に適応するために、職場でのコミュニケーションのありようが問われ始めています。本章では、前章で紹介した企業事例の取材から得た示唆についてしっかりと振り返った上で、なぜ1on1なのかを問うとともに、これからの1on1にどうあってほしいのか、そして私たちが何を目指していくのかを検討します。

1 座談会　目指すゴールは人と組織の成長が一致すること

1on1は今後、どのような形で普及していくのでしょうか。第2章の企業事例を題材にしながら、1on1の導入・普及のポイントはどこにあるのか、人材育成につなげていくにはどうすればいいのかを、ディスカッションしました。本間、吉澤に加えて、事例の取材に協力いただいたODソリューションズの由井俊哉さんにも加わっていただきました。由井さんは前職のリクルートマネジメントソリューションズ時代から研修を通じてヤフーの1on1にも多大な貢献をしてくださっています。そして現在、1on1導入の経験がもっとも多いコンサルタントの一人でもあります。

1on1は経営トップがコミットしなければできないものか

吉澤　今回お話をうかがった企業と病院には、1on1への取り組みについて、それぞれ独自の工夫を凝らす一方で、共通点もあるように思います。

本間　これはお二人の意見も聞きたいのですが、経営トップの理解がないと1on1は浸透しないのかどうか。

吉澤　パナソニック ソリューションテクノロジーでも日清食品でも、多かれ少なかれトップのコミットメントがカギを握っていると感じます。でも、それを強調しすぎるのはどうでしょうか。

本間　もし私が、「1on1はトップがコミットしなければできないものですか？」と問われたとしたら、NOと答えると思うんですよ。事実、宮坂（学・前ヤフー社長）は明確に「1on1をやれ」と言ったことはありません。私が「やる！」と言って始めたことについて、「自由にやっていいよ」と言っていただけであって。でも、こうやっていくつかの会社の事例を追っていくと、やっぱり「トップのコミットメントが必要である」ということに反論できない感じもあります。

由井　パナソニックの事例でいうと、パフォーマンスマネジメントを変えていくというところにトップのコミットメントがあり、1on1はそのための潤滑剤として人事と現場が導入を決めたのだと思います。パフォーマンスマネジメントを進める上で、上司と部下との対話は避けられない。だからパフォーマンスマネジメントをより良いものにしていくためにコミュニケーションが大事だ、という流れで1on1の導入に至ったのではないでしょうか。

本間　私も、そうだと思います。

由井　本間さんがパナソニックで1on1のデモを行なったとき、そこに津賀社長も出席していたそうですが、それだけ経営トップにとって関心が高かった、ということですね。パナソニックには、今でも実は松下幸之助さんの教えが残っている。創業者による、人とはこういうものなんだ、とか、ものづくりは人づくりだ、というような大原則があって。とはいえ普段は口にしないかもしれないけれど、そういうものが企業のDNAのどこかにあるんじゃないかな、という気がします。

吉澤　先ほどの話に戻すと、トップのコミットメントは必要条件ではない、という感じが私もしています。

本間　そうですね。トップのコミットメントではなく、正確にいえば、人事の責任者の腹のくくり方が成否を決めるのだと思います。トップの姿勢は、あまり関係ないかもしれない。結局、人事の責任者が日和るから制度が定着しないと思いますね。「オレはこれが必要だと信じているから1on1をやる。ダメならいつでもオレのことをクビにしろ」と言ったら社長は止めないですよ。

吉澤　必要条件ではないとはいえ、やはりトップが後押ししてくれると強いですよね。

本間　それはそうです。でも、1on1が浸透する条件として、現場がやってみて「これはいい」と確信を持つことが一番です。私たちだって、1年経って、6割7割の社員が実行しているということを確認して、初めて浸透してきたと実感しましたよね。

由井　そのためには、「見える化」（可視化）することが大事ですね。その点は、ヤフーは秀逸だったと思います。みんなに実施率や満足度などを見えるようにしなかったら続かなかったのではないでしょうか。今、1on1を導入する企業は、みんな見える化をしています。

①本書をお買い上げいただいた理由は?
(新聞や雑誌で知って・タイトルにひかれて・著者や内容に興味がある　など)

②本書についての感想、ご意見などをお聞かせください
(よかったところ、悪かったところ・タイトル・著者・カバーデザイン・価格　など)

③本書のなかで一番よかったところ、心に残ったひと言など

④最近読んで、よかった本・雑誌・記事・HPなどを教えてください

⑤「こんな本があったら絶対に買う」というものがありましたら(解決したい悩みや、解消したい問題など)

⑥あなたのご意見・ご感想を、広告などの書籍のPRに使用してもよろしいですか?

1　可　　　　2　不可

※ご協力ありがとうございました。

【1 on 1 ミーティング】109977●5650

郵便はがき

料金受取人払郵便

渋谷局承認

6974

差出有効期間
2024年12月
31日まで
※切手を貼らずに
お出しください

150-8790

130

〈受取人〉
東京都渋谷区
神宮前 6-12-17
株式会社ダイヤモンド社
「愛読者クラブ」行

本書をご購入くださり、誠にありがとうございます。
今後の企画の参考とさせていただきますので、表裏面の項目について選択・ご記入いただければ幸いです。

ご感想等はウェブでも受付中です（抽選で書籍プレゼントあり）▶

年齢	（　　　）歳	性別	男性 ／ 女性 ／ その他
お住まいの地域	（　　　）都道府県　（　　　）市区町村		
職業	会社員　経営者　公務員　教員・研究者　学生　主婦 自営業　無職　その他（　　　）		
業種	製造　インフラ関連　金融・保険　不動産・ゼネコン　商社・卸売 小売・外食・サービス　運輸　情報通信　マスコミ　教育 医療・福祉　公務　その他（　　　）		

本間　見える化については、パナソニック ソリューションテクノロジーの仕組みが、とても参考になります。

由井　１ｏｎ１支援システムは確かに実用性の高いシステムですね。この会社の場合、ただ「部下の話を聞く時間をつくってほしい」、ということだけを言ってきたというんです。そのメッセージがシンプルでわかりやすかったので、スムーズに浸透していったのではないでしょうか。

本間　これは、マイクロソフトの事例に似ていて、「うちの部長が、私たち一般社員の言うことを黙って30分聞いてくれるんです」という話。それと、ヤフーでも同じですが、エンジニアって１ｏｎ１には向いているんです。多くは、ややコミュ障的なところもあって、日本的な組織の中で、阿吽の呼吸でみんながカンカンカンカンものを言う中で、彼らは気おくれしがちになる。でも、言葉をちゃんと考えて話す能力があるから、１ｏｎ１をやるといいことを言うわけです。

パナソニックが希望を与えてくれるのは、大きい会社でもエンジニアリングでも、大掛かりな研修をしなくても、導入すればちゃんと回りますから、ということです。

由井　そうですね。導入ステージは、継続することがもっとも効果的かと思います。たいていの会社は、真面目に1年ぐらい１ｏｎ１をやると、関係性が良くなり、風通しが良くなって、悪い情報も上がるようになります。そして従業員の満足度も上がる。しかし、主体的に何かにチャレンジするとか、新たな提案が上がってくるといった行動が見えてくるようになるには、すごいジャンプが必要なんですよね。

吉澤　特にパナソニック ソリューションテクノロジーの事例で、部下の話を聞こうとなったとき、上司が研修も受けずになぜできるのだろう、と感じたのを思い出します。

由井　もちろん、できる人、苦手な人はいるはずです。人事サイドも、研修によるレベルアップはこれからの課題としていますね。ただ、それより社長の姿勢が大きいと思いますね。情報をどんどん上げろ、聞くぞ！　と言っていますから。

「言葉の解像度を上げる」ということ

本間　日本人の特性として、人間関係とか、好き嫌いとか言わないで成果を上げろよ、というのが、この20年間の振り子の方向感だったと思います。飲みニケーションを否定し、社員旅行を否定し、プライベートを聞くことを全部ハラスメントだと。それはそれで全然おかしいことではありませんが、振り子というのは戻って来るものだと思っていて、そこで信頼関係とか、業務以外のことでも相談できるという安心感が重視されるようになった。部下にとっては業務とそれ以外の私的なことなど、これは言っていいことなのかどうか、なんて判断できないと思うんですよ。にもかかわらず、上司にしてみれば「それ、早く言ってよ」ということもあります。「最近の社員って考えないよね」

とよく言われますが、忌憚なく話ができる場がそもそもない。1on1の、何でも話せる安心感は重要です。

吉澤　加えて、仕事のスピード感ということでも効果を発揮します。単に資料をつくっている時間を短くするとかではなく、「すぐこれ聞こうよ」とか「5割できたところで確認してもらおうよ」と言うことができないから、日本の会社は時間がかかると言っているのだと思います。

本間　対話の価値は、多方面に効くと考えています。働き方改革を迫られる中で、風土改革を課題とする企業は多いと思いますが、1on1を通じて上司と部下との信頼関係を築くことによって風土改革を実現しようとする企業は、まだ少ないでしょう。私は、対話の質を上げることで、風土改革だけでなく、顧客との信頼関係も強くなる、と考えています。

由井　本間さんがよく言われる、「言葉の解像度を上げる」ということですね。事例コメントには、シャインの「マサチューセッツ通り」のエピソードも紹介されています（112ページ参照）。それは、目的ベースで話をしよう、ということですよね。上司と部下でいうなら、「いいからやれ！」で話が終わりがちですが、そうではなく、「○○のためにやってほしい」「そのことについて、あなたはどうしたいのか？」という問いかけができるかどうか。目的を確認したり、意思を問う、ということがあるだけで、事態はかなり変わるでしょう。

吉澤　相手の力になりたいと思ったときに、どこに目線を合わせるかが問われますね。相手が言ったことに、ただ脊髄反射的に合わせるのではなくて、この人は何を求めているんだろう、どこに行きたいんだろう、そこに俺は何ができるんだろう、と考えることができるか。カマタマーレ讃岐の上野山さん（第5章の「対談Ⅳ」参照）も、そのことを言われています。

本間　私などは人を傷つけたくなくて、ふわっと言ったり、１ｏｎ１自体はニュートラルに返して話をさせると考えてきたけれど、上野山さんは、ちゃんと聞いて、まっすぐ答えるんですね。

由井　１ｏｎ１の研修でしばしば聞かれるのは、自分が上司と１ｏｎ１をやるときには、上司がこういうことを言ったら喜ぶだろうな、ということを探してしまう、という部下の言葉です。そして次に、自分が聞き手になったときに、相手がこう言ってくれたらいいな、と考えてしまうというのです。上下関係のカルチャーが、それだけ強く染み付いているということでしょうね。

本間　それを渡辺三枝子先生（第5章の「対談Ⅲ」参照）は見抜いたんですよ、私と吉澤が１ｏｎ１のデモをやって見ていただいたときに。部下にとって上司は評価する人だから、そこで、簡単には本音は聞けないですよ、と。

吉澤　私は、そこにあるのはＭＢＯ的な評価ではないんじゃないか、と思ってますね。広い意味では評価かもしれないけれど、普通の会社は、仮に評価が下がったとしても急に給料は下がらないじゃないですか。ということは、部下が気にするのは、それじゃないですよね。もっと職場の中で身近に迫る雰囲気とか、場を乱すことを凝視される視線とか、そっちだと思うんですよ。

由井　それでいうと上司との関係性によってモチベーションが大きく上下するという話を聞くことが多いですね。それは、広い意味での評価があるからだと思います。職場でどう見られるか、とか。ということは、上司がマネジメントをちゃんとやるとなったら、みんなモチベーションが上がる可能性があるということだと思いますね。

吉澤　結局、こういうことを言うと「評判が下がる」とか、「怒られる」とか、「バカにされる」とか、そんな心配がなくなるだけで、ガラッと変わるんじゃないかと思いますね。

危機意識だけではうまくいかない

由井　いろいろな会社を見ていますと、それぞれ業界特有の構造的な問題があることを感じます。にもかかわらず、と言っていいと思いますが、人間は順応性があるから、思考や行動が銀行なら銀行員らしく、看護師なら看護師らしく、求められる形に合わせていきますよね。高度経済成長の頃ならそれでよかったのですが、もはやそれでは伸びていかないし、そこをどう変えていくかが課題です。1on1は、かなり有効な手段だと思うのですが、どうすればさらに普及していくのでしょうか。

本間　やっぱり乾かないとダメなんだと思います。必要性を強く感じなければやろうとは思わない、ということです。ジョン・コッター[3]の「変革の8ステップモデル」の話を私はよくするのですが、その一番最初のステップは「危機感を高める」です。私はそれを必ず批判するんです。というのは、多くの企業で経営トップが「今の若手には危機意識が足らん」と言う。それは事実なのかもしれないけれど、実はみんなもう「危機意識の醸成疲れ」をしていて、「またですか？」という反応しか返ってきません。

由井　同感ですね。私は、そもそも危機感で人は動かないと思っています。本間さんの話を聞いて、そうはいってもある程度の危機感を持っているのが健全なのだろうなと思うものの、危機感ではない、もっとポジティブな方向からコミュニケーションをすることによって、物事が変わっていくんだ、ということが示せると、なおいいんだろうと思います。その点で何かないのでしょうか、危機感ではなくドライブさせるものが。

本間　ミッション、ビジョンだったり目的意識だったり、そういうものに置き換えられていくんでしょうか。この20～30年のリーダーシップ論って変革型リーダーシップのことを言ってます。チェンジマネジメントだから。みんなが変わんなきゃ、変わんなきゃ、と言っている。それに対するアプローチは危機意識によるものよりも、僕たちがこう変わったらもっと会社のミッションを提供できる、ということの方がいいと思う。

由井　一人ひとりがその実現のために仕事に前のめりになれたらいい、という話だと思います。以前、本間さんが人間のモチベーションのメカニズムなんて100年前と変わっていないんだ、とおっしゃったことを覚えています。つまり、いまだにホーソン研究[4]なんですよ。作業環境を整えたり、照明が明るくなったりするから生産性が上がるのではなく、人とコミュニケーションしながら楽しくやるから生産性が上がるってわけじゃないですか。さらに、その研究に自分が選ばれたということも大きく影響していたとも言われていますよね。つまり、承認欲求が満たされていたということです。そこが原点なんだ、といつも思います。それを複雑に考えすぎてはいけないのではないでしょうか。

吉澤　今回お話を聞いた企業は、いずれもある種の危機感はあるはずですが、それを前面に出して煽り立ててやっているケースは一つもありません。工夫を凝らして楽しめる研修をするとか、仕掛けがもっと知的なアプローチですし。

本間　そう、フィアア（恐れ）・アプローチじゃないですね。企業が育成に関する制度を広めようと

3　ジョン・P・コッター（John P. Kotter,1947〜）。ハーバード・ビジネススクールの松下幸之助記念講座名誉教授。企業におけるリーダーシップ論の権威として知られる。

4　当初は物理的な作業条件と従業員の作業能率の関係を分析する目的で、社内的に照明実験が行われ、次いでリレー組み立て実験が開始された。この時期からハーバード大学のエルトン・メイヨー、フリッツ・レスリスバーガーらが研究に加わり、さらに面接調査、バンク配線作業実験という一連の研究が行われた。この研究の結果、「労働者の作業能率は、客観的な職場環境よりも、職場における個人の人間関係や目標意識に左右されるのではないか」という仮説が導き出された。

すると、「仕事なくなるぞ！」みたいなフィア・アプローチが多いし、それでみんなが前向きになり成長する、という話は聞いたことがありません。

吉澤　どんな会社にもピンチはあります。そのときに危機感でドライブするという場面も、ある。ただ、その反対側の安心感や、あるいは高揚感、そういうものを場面場面で選びながら進めている会社がうまくいっているように感じます。

意味を正しく伝えることの重要性

本間　数多くの企業を見てこられた由井さんに聞きたいのですが、1on1に限らず、育成施策の成功確率が高い会社って、どういう特徴がありますか？

由井　「やっぱり人の成長は大事だよねー」というところだけしか見ていない担当者だとうまくいかない、ということをすごく感じます。もっとも肝心なのは、その施策がビジネスにちゃんとつながるか、にあります。つまり、目的をどこに置いているか、によって成否が分かれると思います。

吉澤　ヤフー以外の会社で1on1研修をやると、手上げ（自発的）ではなく、無理やり集められるケースがほとんどです。そこでは、半分ぐらいの人たちが、この忙しいのに、なんでこんなことをやらなければいけないんだ、という空気。それが、どこにフォーカスすると目の色が変わるかというと、そこなんです。「メンバーは仲良くないとダメですよ」なんて言っているうちはダメで、「オレたち、これで勝ちたいんだよね」「そこから逆算すると今やるべきはここじゃない？」ということで対話していくと、だんだんその気になって、3時間後には、「じゃあ、やるか！」となる。そのパターンが実に多いんです。

由井　嫌々ながら来ている人でも、自分の仕事をちゃんとやろうという気持ちがある人が多い。選抜されて研修に来るぐらいだから、会社から期待もされている。無理難題を言われながら、自分の時間を削って頑張っているマネジャーは多いんですよ。

そこで「1on1って何のためにやるの？」という話になるときに私が強調し、気づいてほしいと思っているのは、「マネジャーって自分で結果を出すだけじゃなくて、部下を使って、組織で結果を出し続けることが大事ですよね。それが求められてますよね」ということです。ヤフーの言葉を借りれば「部下の才能と情熱を解き放って、成果を上げ続けられるチームをつくるのがあなたの役割ですよね」という話をします。で、みんなそれはわかっているんです。わかっているんだけど、「だけど部下がダメでさ、オレがやらなければならないんだ」と文句は言いたい。

「でも、その状況をつくっているのも自分かもしれない」と、研修の中で気づいてもらうということが大きいんです。そして、いいタイミングで助け舟を出してあげるのは部下の成長につながるけど、早いタイミングで手を出しちゃったら、部下の成長の機会を摘んでしまうことになる。それにも気づいてもらう。

そもそもみんな、振り返ってみたら、自分自身が成長したのは、上司に何かを教えてもらったり、研修を受けたりしたときではないですよね。

本間　そうなんですよね。

由井　とんでもない仕事を投げられて、四苦八苦しながら乗り越えて、そのときに上司が「オレが責任取るからやってみろ」と任せて、信頼して見ていてくれて、周りの仲間が助けてくれる。そして結果を出して「良かったなあ！」と言ってもらう。そのときですよね。そういう関わりをつくっていきましょうよ、ということを一番伝えたいと思っています。

「そのためには部下を認知（承認）した方がいいし、本当に相手がやりたいことをちゃんと聞いてあげることも必要ですよね。じゃあ、そういうことを一つ一つ練習して、体感してください」と投げかける。それをやると、研修を始めて3時間経てば、7～8割は「これは大事だ」「なんで今までやってなかったんだろう？」となります。そもそもマネジャーには成果を上げるために自由に使える潤沢な予算があるわけではないので、部下のやる気を高める以外にはないんです。

吉澤　事例を通して考えてみると、細かい1on1の進め方などより、あらためて上司と部下とが対話することそのものの大事さを感じさせられます。

由井　僕はリクルートの出身ですが、当時の担当役員がよく言っていたのは、マネジャーは「セマンティック・カタリスト」になるんだ、ということです。直訳すると「意味の触媒」ということですが、要するに、意味をしっかり語って伝えていくんだ、ということです。意味づけって、とても大事じゃないですか。

本間 私もまったく同感です。阿吽の呼吸が通用しなくなった今、言葉を重ね合わせて、意味をしっかり理解し合うということが、組織には欠かせません。事例の企業は、それに気づいて、進み始めたということなのだろうと思います。人の成長と、組織の成長が一致することが1on1が目指すゴールです。

2 「個の尊重」で変わるワークスタイルに対応する

リーダーの仕事は難易度が上がる

マーケットの変化、経済のグローバル化、情報技術の進化をはじめとして、日本の企業経営を取り巻く環境はさまざまな変化にさらされています。これまでの発想や手法が通用しないという場面が、みなさまの周囲でも数多く起こっているのではないでしょうか。

職場の変容にポイントを絞って考えてみると、２０１９年４月の「働き方改革関連法」の施行の前後から、世の中が大きく変わってきたと感じられます。その変化の本質を端的に言い表すなら「個の尊重」ということでしょう。

かつては企業組織を維持するために、自分を殺してでもその組織に合わせていくということが、仕事の暗黙の前提だったと思います。日本の組織は凝集性[5]が高く、それが強みでもありました。多くを語らなくても「阿吽の呼吸」で「空気を読んで」仕事が行われて、集団の力で成長を遂げてきました。

それが大きく変わりました。成果を上げられるのであればどこで仕事をしてもいい、出社しなくても構わない、服装も自由でいいし、副業もＯＫ、という会社も増えました。仕事における個人の自由の範囲が一気に広がったことになります。しかも、そこに新型コロナウイルスの脅威がもたらした異常事態も重なりました。仮にコロナが沈静化したとしても、リモートワークのウエイトは下がることはなく、新しいワークスタイルが定着するものと思われます。

誤解を恐れずに言うなら、みんなが会社に集まって課題に取り組むという、これまでの働き方の方がコミュニケーションを取るのは楽に決まっています。しかし、コロナという外圧によって、それがやりづらくなってしまった。当面は、今の状況が続くでしょうし、これが新しい現実になった、ととらえるべきかもしれません。

こんな時代だからこそ、組織にはtransparency（透明性）が必要になる。上司部下の関係で言えば、お互いの信頼関係に関心が高まるのは当然のことだと思います。その結果として、１on１を活用してみようと考える管理職や企業が増えるということも理解できます。

その裏側では、日本人の組織に対するエンゲージメントが下がっているという事実も明らかになっています。調査結果の一つを図5に示しました。他の先進諸国に比べると、その格差は明らかです。日本

5　社会心理学用語、経営学用語の一つ。集団が構成員を引きつけて、その構成員を集団の一員となるように動機づける度合いを指す。

図5　エンゲージメント指数の国際比較

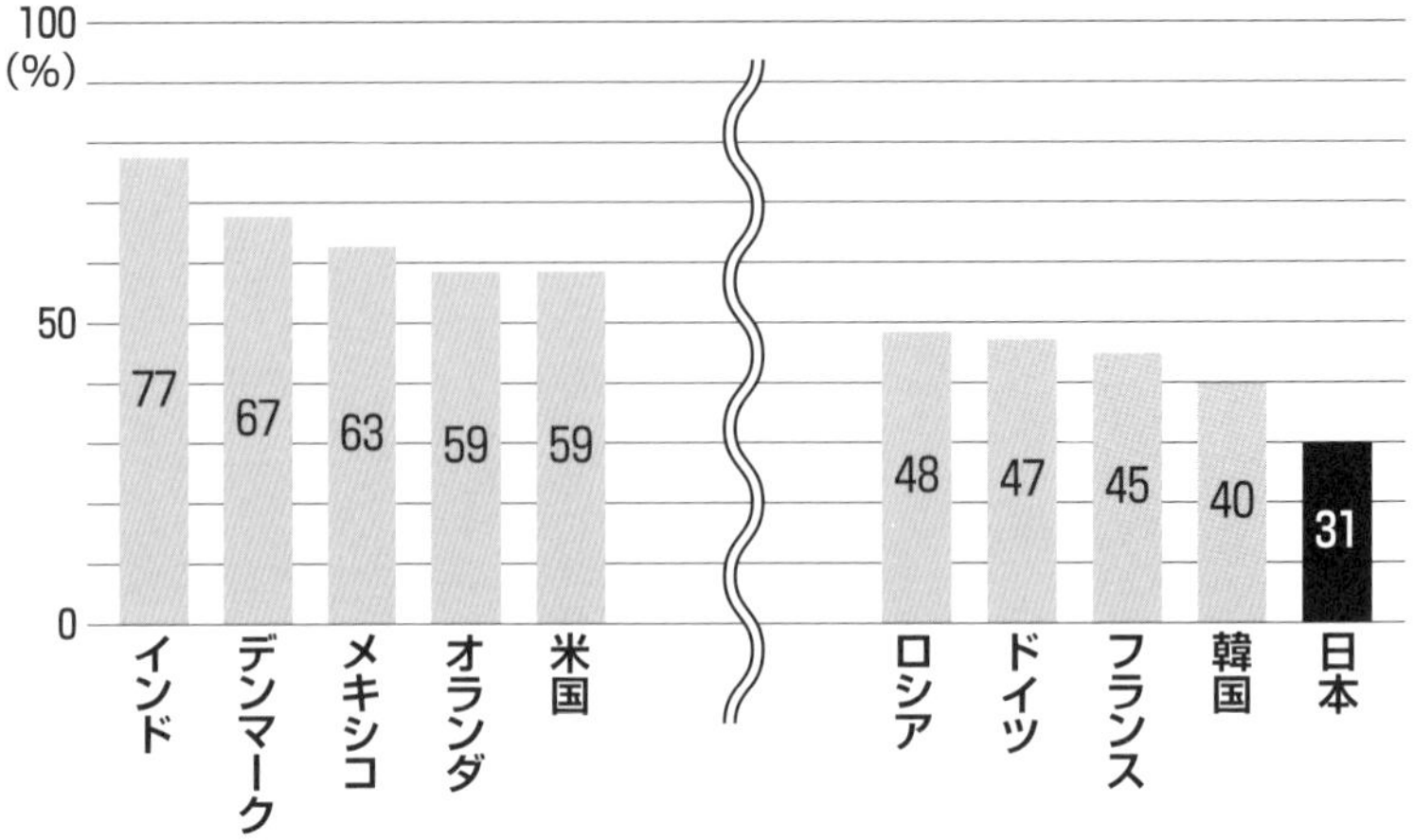

出所：IBM "The many contexts of employee engagement" (2014)

企業では、もう長い間、組織のため、チームのため、と働く動機が語られてきましたが、気づいてみるとそれはうわべだけで、結局、自立もできなければ、組織も決して好きではない、という働き方になってしまっている。つまり、個人を尊重するという流れの背後で、私たちが何となく思ってきた組織とチーム、自己犠牲や滅私奉公といったものが価値を失っていたことになります。

このような変化を伴って台頭した新しいワークスタイルを、気分的に好きになれない人もいるとは思いますが、もう認めざるを得ません。個を尊重するということをベースにおいて、私たちは人的マネジメントや人材育成の施策を構築する必要があります。

もはや高度成長時代から遠く隔たって、業種を問わず、企業は既存技術やサービスをモデルチェンジしながら延命を図るのではなく、新たなイノベーションを起こしていかなければ立ち行かなくなりました。これまでの戦略のままでは勝てなくなった。同時に、少子化によって人材採用が困難になってきたことも重なり、企業の焦りと悩みは深まっています。そういう時代にあって、リーダーに対する期待感も大きく変わっていると思います。

個の尊重ということの一方で、その裏側にあるのは自由と責任はワンセットである、ということです。個が尊重されればされるほど、課せられる責任は重くなるでしょう。それは例えば、成果が上がらなければ給料は上がらないとか、マイナスの評価も甘んじて受けなければならないということです。そんな時代に、どういう管理職、リーダーが必要かというと、まず一つは、少なくとも自分の部下に対しては、評価も育成もちゃんとできないといけない。部下が、この人がいてくれた方が自分のパフォーマンスは上がる、と認める存在にならなければいけないわけです。年功序列などという過去の価値体系ではなく、個人が成果を上げるために上司が何をしなければならないかが問われます。ですから、管理職の定義が大きく変わっていくのでしょう。

ここには、不安と期待の両方が垣間見えます。管理職の、あるいはリーダーの仕事は、以前と比べ物にならないぐらい難易度が上がります。個が尊重される新しいワークスタイルの中で、メンバー一人ひとりのやる気を引き出し、他方で公正に評価しなければならないのですから。しかも、メンバーは職場に集結しておらず、もしかすると所在がつかめないなどということもあるかもしれません。これが不安の実相です。

しかし、一方には大きな期待もあります。人のやる気にはアップダウンがあり、何らかのきっかけでやる気を失っていた人が、状況が変わってやる気を復活させることがあります。すでに何度か述べてきたように、上司の一番の役割は、部下をモチベートして、個人と組織の成果を最大化すること。上司の影響でモチベーションが下がって、ポテンシャルの半分しか成果を上げられなかったり、逆に、通常の50％増しの成果を上げることができる。それが人的資源の特性であり、それはモノやカネというリソースとは、まったく異質なのです。

1on1と労働生産性の向上

ウィズコロナの状況下では、業績回復が急務となり、直接的に利益を生まない1on1の是非が問われる場面もありそうです。まずは業績が最優先、しかも労働生産性の向上という命題もあります。1on1とは、いわば「余白を持ったニュートラルな会話」に価値を見出すことといえます。労働生産性を上げるということと、余白をつくるということは一見、矛盾しているように思われます。しかし、本当にそうでしょうか。

労働生産性というのは分子が成果で、分母が労働時間×労働者数（図6参照）。労働生産性を上げるための方策については、とかく分母がテーマになりがちです。会議時間を短縮せよ、アイドルタイムをな

図6　分子にフォーカスする

$$\text{労働生産性} = \frac{\text{Output：労働による成果（付加価値）}}{\text{Input：労働時間×労働者数（労働投入量）}}$$

くせ、参加人数を減らせ、30分でやっていたタスクを20分でやれ、というように。つまりは、ひたすら分母だけを攻める。その結果は明らかで、職場はどんどんギスギスしていきます。そんな空気で、果たして成果は上がるのでしょうか。

労働生産性を向上させようというときに、必要なのは分子、つまり成果を上げるためにどうすればいいかという議論です。成果を上げるにはイノベーションを起こす必要がありますし、イノベーションを起こすために上司が行うべき第一の要件は部下理解だと私たちは考えます。部下の「やる気スイッチ」を知ることは、成果を上げるための第一歩。「あなたがやりがいを感じる瞬間ってどんなとき？」と聞いてみてください。それで「やる気スイッチ」はわかります。

対話を通して部下のアイデアを知ったとすれば、例えば「これ面白いから、◯◯さんと話してみたら？」と人脈をつなぐこともできるでしょう。仮に対話がなければ、貴重なビジネスシーズにまったく気づかない、ということもあり得ます。

これが１on１と労働生産性の関係です。

対話によって、部下の能力とやる気を引き出す。そして、メンバー同士の関係性を強め、共通の利害と目標に向かって方向感を合わせる。これからのリーダーには、これらすべてが問われます。

今まで私たちが、会社の日常において大切にしてきたある種の「ムダ」は、「単なるムダ」ではなかったのだと思います。会社で働く時間には、仕事に取り組む時間以外に「余白」のような時間がけっこうあります。その余白によって仕事の時間が充実する、という関係もあったはず。中でも、もっとも大きいのは、職場でのコミュニケーションでしょう。前述したように、コミュニケーションについては、同じ場にいた方がいいに決まっています。しかしながら、もはや働く環境はすっかり変わってしまいました。

リモートへのシフトに雪崩を打つ一方で、この部分に関する議論が抜け落ちていると思うのです。ビジネスコーチングにはビーイング（being）とドゥーイング（doing）という考え方があり、1on1ではビーイングを大事にしてほしい、と第5章の渡辺三枝子先生との対談の中でも述べています。私たちは誰かと話をすることによってビーイングを感じます。ともに共通のゴールに向かう仲間の存在をじかに感じることの意味は小さくありません。他者とのリレーションはときに面倒でもありますが、むしろ対話によって元気になることもたくさんあります。

「個の尊重」に対応するリーダーシップの高度化に合わせるように、1on1もまた、進化する必要があるのでしょう。

ヤフーでは１on１について、「週に1回、30分」を原則としてきました。原則ですから例外もあります。忙しくて時間が取れないということもありますから、できる範囲で、という気持ちが私たちにもありました。社外の方からの典型的な質問で「１on１の頻度はどうすればいいですか？」と聞かれると、「１on１は部下のためにやるものですから、部下が必要な頻度でやるべきじゃないですか？」などと答えていました。でも、最近は、実はそれは違う、と感じています。

ヤフーの社内でも、「とにかく10分でもいいから、週1回は必ずやってほしい」と言うようになりました。上司と部下とで互いに信頼感を高めていくためには、それなりの頻度が必要だ、とあらためて強く思うようになったからです。「信頼関係がないと１on１が成立しない」のではなく、「上司と部下の信頼関係をつくるために１on１をやる」ということでもいいかな、と思うのです。

週に1回必ずやる。その代わり30分なくてもいい。仮にキャンセルになったら翌日5分でも話す。なぜそのように変わったかというと、それぐらい今の世の中は変わってしまったし、難しいことになっているからです。上司と部下との間に信頼関係がなかったら、前述したように、イノベーションも生まれないし、業績も向上しません。信頼関係を築くために、１on１の頻度は多くなければならないと思います。

そのように考えるようになった背景には、個人的な経験もあります。私（本間）は２０１４年に人事担当からコーポレート全体を担当する常務になって、そのときに、信頼関係がないといい仕事はできないし、ハッピーにならないと痛感したのです。人事のことについてはよくわかっていましたが、コーポレート担当になると、私の配下に、個々の業務について私よりもよく知っている人たちがいる。究極は、この人たちのことを信頼しないと業務は進まない、とまざまざと感じたのです。そこで、カウンセリングの応答技法だけで信頼関係が築けるかというと、それでは思うように回らない、ということに気づきました。

日本企業はこれまで長くメンバーシップ型で経営されてきましたから、１ｏｎ１などなくても信頼関係は築きやすかったと思います。同時に終身雇用ですから、この人と長く仕事をしなければならないんだな、という前提がありました。つまり、信頼せざるを得なかったし、信頼しやすかったのです。しかし、その前提は崩れ、条件が変わりました。コミュニケーションの難易度は増し、ダイバーシティがさらに進むという中で、もう一回、信頼感をベースに置き、その優先順位を上げていかないと組織がバラバラになっていくでしょう。

１ｏｎ１と心理的安全性

社員との信頼関係は、前著『ヤフーの１ｏｎ１』では強調しませんでした。しかし、働き方改革が浸透し、新型コロナウイルスなどに対応しなければならず、さらに、ジョブ型雇用の重要性が指摘されるなど、個が尊重される時代において、「信頼」は組織の成果を高めるためのキーワードになると思います。

それは、これからのリーダーシップに関するもう一つのテーマである「心理的安全性」の確保について、社員間の信頼関係が欠くことのできない前提になるからです。

「チーミング（teaming）」の研究者であるハーバード・ビジネススクールのエイミー・エドモンドソン教授は、心理的安全性について次のように定義しています。

「チームにおいて、他のメンバーが自分が発言することを恥じたり、拒絶したり、罰を与えるようなことをしないという確信を持っている状態であり、チームは対人リスクを取るのに安全な場所であるとの信念がメンバー間で共有された状態」（*Psychological Safety and Learning Behavior in Work Teams*）

心理的安全性という言葉を表層的にとらえ、「仲良し集団」をつくることを是とする議論がありますが、エドモンドソンは明確にそれを否定します。

「心理的安全性は、メンバーがおのずと仲良くなるような居心地の良い状況を意味するものではない」

（『チームが機能するとはどういうことか』英治出版より）

組織での仕事では、メンバー間で意見が対立することがつきものです。ただ、心理的安全性がある職場では、そうした対立は「創造的な摩擦」として歓迎されます。イノベーションにつながる可能性があるからです。しかし、心理的安全性がなければ、対立は有害になります。互いに攻撃的になるだけで、しまいには建設的な意見が出ることもなくなるからです。私たちが必要としている状態がどちらなのか、明らかだと思います。

エドモンドソンはまた、業種を問わず、チームのメンバーがお互いのことをどう感じているかによって、どれぐらい効果的に仕事ができるかが大きく左右されるとも指摘しています。

そして、心理的安全性を高めるためのリーダーの行動として、以下を挙げます。

- 直接話のできる、親しみやすい人になる
- 現在持っている知識の限界を認める
- 自分もよく間違うことを積極的に示す
- 参加を促す
- 具体的な言葉を使う

（『チームが機能するとはどういうことか』英治出版より一部を抜粋）

１ｏｎ１という上司が部下の話を聞く場が、このような行動につながることは容易に想像できます。自分の意見が間違っているかもしれない、と考えて口を閉ざすのではなく、気づいたことがあるなら言ってみる。正解が誰にもわからないことが多い今のビジネスには、そのようなオープンな対話が必要ですし、そうした闊達な意見を交わすことができる条件として、仮にそれが間違っていたとしても「恥じたり、拒絶したり、罰を与えるようなことをしない」といったことが望まれます。それが心理的安全性を確保するということの意味です。

心理的安全性の前提となる信頼感を醸成するために、あるいは信頼感を取り戻すために、対話はますます重要です。ここに１ｏｎ１の新しい役割があります。リモートワークの比重が拡大していく中での働き方で、欠きがちになるコミュニケーションを補う機能として、１ｏｎ１の重要度は増します。これまで職場で顔を突き合わせての対話、他愛のないおしゃべりが、どれほど気晴らしや励ましになったかを思い返してみれば、それがごっそりと抜け落ちた状態がどのようなものか、想像すればわかるのではないでしょうか。

私たちのビジネスの新しい現実は真剣な1on1を必要としている

施策を導入するに際しては、組織が抱える課題にフォーカスし、「何のために実施するか」をよくよく考える必要があります。1on1について言えば「何のためのコミュニケーションなのか」を問うことが大事です。カウンセリングやコーチングなど、世の中にはテクニックを語る本があふれていますが、そのまま手法を当てはめるだけではうまくいくとは限りません。組織の問題を解決する最適な手法は、1on1ではないかもしれないのです。

第5章で詳しく触れますが、中村和彦先生がハーバード・ケネディスクールのハイフェッツ教授の言葉を引用しながら語ってくれたことが示唆的です。「技術的問題」と「適応課題」を混同してはいけない、ということですが、今私たちが直面している組織の課題は、これまでに経験してこなかったようなものが多いでしょう。それに既存の手法で対処しようとしても、解決することは難しい。つまり、適応課題を技術的問題の解決法で乗り越えることはできない。だから、みなさまの組織にある課題を解決するための最適な方法が1on1であるのかどうか、ぜひ探究していただければと思うのです。

多くの組織で、コミュニケーションの不十分さが課題になっているのは確かだと思います。本書ではここまで、上司と部下との信頼関係が重要である、と強調してきました。日頃のコミュニケーションの少なさ、あるいはつたなさが信頼感を希薄にしているように危惧するからです。それにはメールやSNSなどコミュニケーションツールの発達が悪い方に作用している面がありますし、職場のフリーアドレス化の影響もあるでしょう。加えてリモート化です。私たちの働き方はここで大きく変わってしまいました。

対面で行う1on1では頻度が重要であると、繰り返し述べました。半年に1回たっぷり時間を取って話すより、短くてよいので月に1回話す方がよい。月に1回1時間より、週に1回15分と、頻度が高い方が信頼関係は築きやすい。誰かと話すことで元気になることは多いですし、話すことによって孤独を感じなくなることにもなります。残念ながら対面でのコミュニケーションは頻度が減っていますが、リモートによってでも対話の効果は十分に期待できます。

1on1ミーティングを取り入れて間もない、ある企業の若手社員は、こう言います。「リモートによって、会社にいるときより気軽に1on1ができるようになりました。コロナによる在宅化でキャリアが停滞してしまうのではという不安がありましたが、上司と話をして、焦る必要はないと気づかせてもらいました」

ここで私たちが受け止めたいのは、「リモート」という手段の利便性より、言葉を交わすことによって不安が解消されたという事実です。私たちは誰しも、モチベーションが上がりっぱなしということはなく、さまざまなきっかけでアップダウンすることを経験します。場合によっては、自分の力で落ち込んだ気持ちを再び引き上げることもあるでしょうが、それ以上に、同僚や仲間、あるいは友人や家族と対話をすることによって回復することの方が多いのではないでしょうか。

気持ちの問題だけではありません。業務に関する課題を突破するきっかけも、また他者の言葉がきっかけになることが多いはず。そして何より、相手がいることで自分自身の考えを言語化する機会が得られるということが最大の効用です。頭の中にある考えや思いを具体的に言葉に出してみることが、その人の内省を加速させ学びをもたらすだけでなく、主体性すらも生み出す仕組みを、私たちは体内に備えているということです。もともと、それこそが人が集まってつくる組織の、他にはない利点であったはずです。

本章の最後に、１ｏｎ１の原点を再度確認したいと思います。それは、ビジネスの始まりは言葉である、ということです。あらゆるビジネスの出発点は言葉です。ウィンドウズもハイブリッド・カーも、グーグルの検索機能もヤフーのポータルサイトも、誰かの一言から始まり、多くの人の言葉によって知恵が加わり、最終的に商品やサービスとして結実したものです。かつては、とてつもない天才のアイデアが、そのまま世界を変えるような発明となり、企業が興り成長する、ということもあったでしょう。今も、その可能性はないとは言えませんが、あらゆる業種が成熟化を迎えている現在では、そのような僥倖《ぎょうこう》を待つわけにはいきません。

繰り返しますが、誰かが発した言葉に、他の誰かが言葉を重ねていく。そうしたやりとりに多くのメンバーが参加することで、商品やサービス、新たなビジネスは細部を整えて、真に世の中に価値のあるものとして受け入れられるのではないでしょうか。

これまでも、仕事において言葉のやりとりは重要だったはず。ただ、阿吽の呼吸のようなものが、言葉を尽くす姿勢を奪ってきたのかもしれません。人は一人では大きな仕事はできません。大きな課題解決をするためには、他者が必要ですし、組織が必要です。その組織が機能するためには、構成員である人と人とが情報を正しく伝達しておく必要があります。そのための一つの方法論が1on1です。もっと、お互いが言葉の解像度を上げげて、対話を重ね、新しいアイデアやビジョンを紡ぎ出していく。私たちのビジネスの新しい現実は、そのような真剣な1on1を必要としているのだと強く思います。

第4章 1on1の「場外効果」

本章からは、より具体的な1on1の実像に迫っていきます。1on1の究極の目的は、対話を通して部下のやる気を引き出し、組織で大きな成果を生み出すことにあります。そのプロセスで経験学習サイクルが回り、部下の成長も促します。本章のタイトルにある「場外効果」とは私たちの造語ですが、上司と部下との対話によって、その前後の時間、つまり普段の仕事の質が上がることを指します。1on1の15分または30分の時間を充実させることはもちろん大事ですが、その先で、本来の目的である普段の仕事の質が上がることにつながっていくことがより重要。では、どうして1on1によって普段の仕事の質が上がるのでしょうか。本章では、できるだけイメージを膨らませるべく、具体的なスクリプト例に解説を付し、マンガを織り交ぜながら、詳しく見ていくことにします。

1　1on1のスクリプト（台本）と解説

本章では、まず1on1のスクリプト（台本）を読んでいただき、部下のやる気を引き出す対話のコツについて考えていきます。下段には上司の問いや合いの手などについてポイントを解説していますが、それが部下にどのような作用をもたらしているか、またいかに経験学習を回すことにつながっているかを読み取っていただければと思います。

A 上司＝鈴木さん

B 部下＝佐藤さん

1on1　スクリプト

ウォームアップ

A 01：「昨日の企画会議の仕切り、お疲れさまでした」

B 01：「ありがとうございます。途中ヒヤッとした場面もありましたけど」

実況解説

01 第一声で直近の成果をねぎらう声がけができたら理想です。普段から部下の仕事ぶりを観察しているからこそできることなのですが、ここでは強力なレコグニション※1につなげています。また、部下にとって

A02：「え？　あ、アレね。ああいうとき、ホントにいいフォローするよね。佐藤さんが来てから現場が変わったと思う」

B02：「そう言っていただけると救われます」

テーマ決め

A03：「あはは。さて、今日は、何から話します？」

B03：「えっと、やっぱり昨日の企画会議についてですかね。準備をしばらく進めてきて、いったん区切りがついたので、自分としてもちゃんと振り返っておきたいなと思っているところです」

A04：「なるほど、昨日の会議ね。あれだけど、うまくいった要因を一つ挙げるとしたら？」

B04：「え、うまくいった要因ですか？　えっと……そうですね、自分の意見を引っ込めてファシリに徹したことかな」

この上司の一言は、会議の様子を思い返すきっかけになっています。印象的なシーンが頭に浮かび、その記憶とともに感情もよみがえってきます。

02 特定のシーンを部下と共有できたことで、目撃した事実をもとにフィードバックしています。部下はおそらく自分でもうまくいったという自覚があるのでしょう。だからこそ出てきた前言だと思われ、それを上司がしっかり見ていてくれることに信頼感を得ます。

03 オープンクエスチョン[※2]から始めているのがポイントです。「話したいテーマはありますか？」というクローズドクエスチョンで始めてしまうと、部下が「特にないです」という返答をしやすくしてしまいます。部下は他のテーマも考えてきたかもしれませんが、おそらく無難なところから、ということで、とりあえず直前に出た話題を持ち出したのでしょう。

04 直近の話から安易に持ち出してきたテーマなのかもと感じつつ、まずはしっかり受け止めた上で、さっそく記憶イメージを呼び戻す問いかけをしています。ここではこれ以上掘り下げるつもりはないのですが、すかさず内省のきっかけを与えています。部下はすぐに次の質問が来ることを予期していなかったので、フワッと思い浮かんだことを口にしています。しかし、それが意外と話の本質だったりします。

A 05：「そっかぁ、その先もぜひ聞きたいですね。じゃあそれは今日のテーマの一案として、他にはどうです？　今、佐藤さんの頭に占めている事柄を3つくらい挙げてみませんか？」

B 05：「そうですね。あ、それで言うと、前期から進めてきた営業チームの人材育成施策の件、これも気になっていてアドバイスをいただけたらなと」

A 06：「継続している例のやつ。それも重要なところですね。私も気になっています」

B 06：「ええ」

A 07：「2つ出ましたが、他にはどうでしょう？」

B 07：「あとは……そうだな、前回の1on1でご相談した、山田くんのことですかね」

A 08：「今期から異動してきた3年目の山田くん、ちょっと元気

---

05 ここでもしっかり受け止めた上で、今日話すべきテーマの選択幅を広げる質問（スライドアウト[※3]）をしています。部下は、上司から3つくらいと言われています。言い方や関係性によっては3つも出すのかと部下がプレッシャーを感じるかもしれませんが、ここでは、他に何があったかな、と思い出すための純粋なきっかけになる問いとして、すでに2人の間の共通語になっている前提で見てください。「佐藤さん」と相手の名前を挿入することも、想像以上に効果的なレコグニションに通じています。

06 部下が指している事柄を正しく理解していることを伝えるために、言い換えを使って返しています。また、出てきたテーマに対して、I（アイ）メッセージで関心を示しています。部下は、自分が取り上げた案件がテーマとして妥当であったことを、上司も気にしているというセリフから認識でき安堵の返答をしています。

07 さらにスライドアウトを重ねてテーマの選択肢を増やしています。部下は3つ目を聞かれるあたりから、今日話題にすべきかどうかを迷っていた事柄や、そもそも1on1で持ち出すほどではないと思っている案件にまで考えが及んでいきます。

08 覚えている内容があれば要約して返しますし、以前に聞いた記憶がない話であれば、「山田くんの話」と部下の言葉の反復だけでもかまいません。いずれ

がないという彼?」

B08:「はい。前回は少し多めに声がけしようという結論でしたが、今週はあまり機会をつくれなかったです」

A09:「そうでしたか。機会、つくれませんでしたか」

B09:「ちゃんと動かないとダメですね」

A10:「深く思うところがあるようですね。それも大事そうですが、4つ目も出ます?」

B10:「いやぁ、大きな塊としては……、その3つですかね」

A11:「大きくなくてもいいですよ、小さな案件でも」

B11:「うーん」

A12:「……」

B12:「……」

の応答をするにせよ、部下は今あらためて気になっていることを言葉にしてくれるはずです。

09やると言ったことをやらなかった場合、上司の常套句として「それじゃダメでしょ」「やるって言ったよね」などと言ってしまいがちですが、1on1の考え方に従うと、ここでは良し悪しの評価を含む表現はしません。部下が主体的に行動を起こすという狙いから遠ざかってしまうからです。「なんでできなかったの?」といった、理由を聞いているに過ぎない問いかけですら、部下にとっては責められているような気持ちになります。ここでは言葉を反復して返すに留めています。部下は、自分から出た言葉が他者の声を通じて返ってくることで状況を再確認し、内省を一歩先へ進めることができます。

10相手の思いを言葉に反映して受け止めています。そこからさらにスライドアウトを試みています。上司としてはダメ元くらいの心持ちでかまいません。部下はこれ以上出ませんよ、というのが本音でしょうが、絞り出したあとの次の一つが、本人にとっても隠れた重要テーマだったりすることがよくあります。

11部下の「大きな」という語を拾って、限定されそうな問いを再び拡大しようとしています。ここは無理するところではありませんが、相手との心理的距離やそのときのコンディションをよく観察しながら抜き差しのタイミングを図れば、良い結果も期待でき

A13：「何か思い当たったような顔に見えたけど？」

B13：「え？　いいえ、実は来期の試みについて少し考え始めてました……」

A14：「ん？」

B14：「……小さな話じゃないかもしれません」

A15：「はは……もう一つ大きめのテーマがありましたか」

B15：「はい、まだまだ今期実績を追いかけている段階ですが、新しい試みをうっすら思い浮かべています」

A16：「へぇ、それは興味深いですね」

B16：「まだうっすらですが、はい」

A17：「わかりました。まだ他にもあるかもしれないけど、すでに4つほどテーマが出てきましたね。今日はどれを優先して話します？」

ます。部下にとって、普通に問われて出てきた答えは、ある意味すでに用意されていたものに過ぎません。つまり自問自答でも届く範囲の思考です。そこに他者が関わって問いかけを行う意義が出てくるのです。

⑫相手がうなっているときは大概よいサインです。沈黙して待つのが吉です。部下がプレッシャーを感じないように、適当に視線を外しながらも相手の表情の変化に注意を払います。あまりに沈黙時間が続くと何かを言って助けたくなりますが、ほとんどの場合は部下の思考を遮ることにしかなりません。沈黙が苦しくて耐えられなくなるのは上司のほうだけで、一生懸命考えている側は、沈黙に気づいていないことすらあります。

⑬待っている方には10秒の沈黙でもかなりキツいです。しかし、最低でも30秒、相手が何かを考えている表情ならそのまま1分くらいは待ってあげてもかまいません。しっかり寄り添って観察していると、何かを探そうとしている顔か、ギブアップした顔かはわかるようになります。相手の様子に変化が見えたら、上記のように、それ自体をフィードバックするのはありです。結局ここで部下から何も出てこなくても失敗ではありません。上司は部下の状態を言い当てることが目的ではなく、あくまで考えや行動が次に進むように手助けすることが役目だからです。

B17：「……4つ目の、来期に向けて考えていること、でしょうか」

A18：「お、4つ目ですか。それはどうして？」

B18：「いや、なんだろう、まだお話しするのは先かなぁと思っていたんですけど、いま急にフワーッと来たので」

A19：「フワーッと来たんだ。わかりました。ぜひ教えてください」

14部下の頭の中に何か思い浮かんだようなので、考えを遮らないようになるべく短い表現で先を促しています。部下は、他にはもうないと言ったばかりなので、一貫性がないと思われることを危惧する瞬間でもあります。

15上司としては、部下の発言に多少の言い訳的ニュアンスを感じながらも、むしろ乗っかって先を促すくらいの応答をします。言い換えながらポジティブに先を促し、部下は、この話の先を続けることが妥当であるという確証を得て、思い切って頭に浮かんできたことを話し始めています。

16上司は短く関心を示していますが、部下にはまだ少し躊躇が残るようです。考え抜いた上での発言ではなく、中途半端な段階でのアイデアに言及することは、伝統的な部下上司の間だとNGだからでしょう。しかし、1on1という場は、それをしてもよい機会であるという共通認識があって、これが習慣づいてくると、徐々に状況は変わっていきます。

17限られた時間を部下にとってより有意義にするために、クローズドクエスチョンでテーマの選択を促しています。部下が実際にどれを選ぶかはわかりませんが、このケースでは最後に絞り出された4つ目が選択されています。部下本人も、この1on1で自分が話すテーマとしては想定していなかったはずですが、気になるからこその4つ目だったのでしょう。

B19：「はい。課題として今感じていることがあるんですけど……、それは地方拠点同士のノウハウの連携が薄いということです」

A20：「ノウハウの連携ですか」

B20：「もちろん地域特性がありますし、何もかも共有すべきだとは思いません。でも、仕事のゴールは同じです。なのに今は互いのつながりがほとんどなく、同じ会社に属しているのに、それぞれが孤軍奮闘しているような状態です」

A21：「なるほど、そうなんだ。その課題を感じたのには何かきっかけがあったんですか？」

B21：「もともとは、えっと確か、関西支社の営業チームと電話会議をしているときで。ただそのときはまだ気づいたという感じじゃなくて、モヤモヤしていた感じでした」

---

18 反復しながらポジティブに受け止めると同時に、選択理由を尋ねています。部下にそのまま話をさせると単に状況説明のみに入ってしまいがちです。先に「なぜ？」を問うと、部下自身の中の「思い」に焦点が向かいます。内省を進めるために話してもらいたいのはむしろそちらなので、ここでは上司が方向付けの手伝いをしています。部下は唐突に問われて言葉にはなりませんが、この質問をもらうことで、後に続く話の材料集めを始めることができます。

19 反復で合いの手を入れて次を促しています。「教えてください」というフレーズは、文字通りの意味でもあるのですが、実はむしろ相手の頭の中でイメージを呼び起こしてもらうことを主に意図した問いかけ表現です。

20 キーワードになりそうな言葉を取り出して反復しています。部下はキーワードにつられて説明を深めようとしています。

21 部下に自分の考えをより鮮明にイメージしてもらう意図で、問題意識を感じた背景へと質問の方向を変えています。1on1は部下に内省を深めてもらうことが目的であり、上司が状況把握のために部下から情報を聞き出す時間ではないので、ときにこうした上司のリードがポイントになります。

A22：「モヤモヤしてたんだ、それで？」

B22：「で、そうそう、そのあと東京のチームリーダーたちと雑談しているときでしたね。ぜんぜんオレたち連携してないじゃんて。ある案件について話をしていて、関西の情報があったらすぐ動けたはずなのにと」

A23：「佐藤さんの中で何かがつながったんだ」

B23：「そうなんです。あとから考えれば当たり前のことなんですけどね」

A24：「で、その課題に思い当たったとき、他にどんなことを考えていたんですか？」

B24：「そうですね、とにかく、このままじゃダメだって」

A25：「うん」

B25：「今できることはすぐやりますけど、仕組みもちゃんとつくった方がいいなと思いました」

---

22 何があったかを聞くというより、どう感じたかに焦点を当てて反復しています。当時の気持ちを媒介にして記憶がよみがえってきます。

23 話を聞いていて推察したことを口にしています。これは答えを当てにいこうとしているわけではありません。上司が口にした表現が、部下の中で近いと感じればさらに考えが進みますし、遠ければ「そうではなくて……」と反対側に思考が進みます。いずれにせよ、上司の思い切ったコメントによって、部下の内省は次へ進みます。また、ここでも「佐藤さん」と、名前を使ったレコグニションをしています。

24 ここでも、どんな状況だったかではなく、どう考えたかを聞いています。すると部下からは、状況説明ではなく、自身の思いや考えが出てきます。

25 前のセリフで「このままじゃダメだ」といった強めの意思の言葉が出てきたので、その裏で何らかの思考が動いていることを察知します。そして、できるだけ相手の思考と語りを中断させないように短い相槌に留めています。

26 25で部下から新しい言葉が出てきました。言葉の最小単位で反復することで、うっすらしていたイメージが徐々に具体化してくることを期待します。

A26：「仕組みを？」

B26：「ええ、『みんなで意識しましょう！』なんて掛け声を上げるだけでは進まないだろうなって」

A27：「仕組みをつくるって発想するところが佐藤さんらしいな。どんなふうに解決しようと思ってるんです？」

B27：「えっと、そこがまだうっすらでして……」

A28：「あ、そうでした。急かしちゃいましたね」

B28：「今期はまだ終わってませんし、今できることの方がまだ優先順位が高いので」

A29：「あー、そりゃそうだ。ならヒントだけ、思いつきでいいから」

B29：「え？　ヒントですか？……」

A30：「例えば、それを進めていく上でもっとも気をつけたいこ

---

27 相手の「らしさ」に触れることもレコグニションになります。伝統的な上司の場合、部下からアイデアが出てくると、それに対して良し悪しの判断をしたり、良かれと思ってアドバイスを上乗せしたりします。頼みもしないのに「こうした方がいい」などと言われてやる気が出る人はいません。このケースでは思い切って次の行動イメージに踏み込んでみました。まだ部下にとってはペースが速かったようで返答に窮してしまいましたが、これで部下の心にちょっとしたフックがかかったことでしょう。

28 部下の反応から展開を急ぎ過ぎたことを察知してペースを戻しています。部下にとってはそもそも今日の1on1で話そうと思っていたテーマではないこともあって、やや言い訳ぎみの発言になってしまいました。上司には想定の範囲内ですが、部下にとってはあとを引くやりとりになったかもしれません。ただ、思考に刺激を与えるという意味では悪くない踏み込みだったと思います。

29 部下へのプレッシャーを緩和しつつ、ここで完全に引っ込めて次回以降に回してもよいですが、相手の様子次第では軽い表現に変えてもう一押しするのもありです。ここでは、ステップを小さく刻んで、相手の中でのイメージづくりが少しでも前進するよう、さらにプッシュしています。

30 ここでは言葉を挟まず無言で待つのが定石ですが、

ととか？」

B30：「そうですね。こういう情報共有の話って、やるに越したことはないことは皆わかっています。でも結局は時間と労力がかかるという理由でおざなりになってしまうことが多いです」

A31：「うん、確かに、よく耳にする話ですね」

B31：「なので、ちゃんと組織的にキーパーソンを立てることかなと思っています、拠点ごとに」

A32：「拠点ごとにキーパーソンを決めるんだ？」

B32：「はい。旗振り同士でつながって、盛り上げていけたらと……」

A33：「あ、そういうこと」

B33：「ええ、案外楽しそうだし」

困った様子が強い場合は、問いを方向づけして答える糸口を提供してあげてもよいでしょう。「もっとも」というのがテクニックワードになっています。これによって部下は「とりあえず一つでいいんだ」という安心が得られ、なんとか絞り出そうという意欲を持ちます。

31 共感を示しながら相槌を打っています。部下は自分が変なことを言っていないことが確認でき、さらに補足の言葉を続けることができます。そして、また部下から新しい言葉が出てきました。

32 上司が言葉の反復を重ねていくことで、部下の思考はますます具体化し、どうやらまた次のイメージが湧いてきたようです。

33 部下の中で膨らんでいくイメージの一部を感じられたことを示しました。すると、部下から予期しなかった言葉がまた新たに出てきました。

34 感情に関わる表現が出てきたときは掘り下げどころです。言葉になる直前に感情が動くことが多いので、そこで合いの手を入れてあげると内省の助けになります。複雑な質問は避け、反復か、せいぜい「それってどういうこと？」くらいを投げ掛けたいです。

35「今度また」と言っているのでここでは再度突っ込まず、I（アイ）メッセージを加えながら支援を申

行動へのつなぎ込み

A34：「え？　楽しそう？」

B34：「あ、いや、まだわからないですけど、何人か思い当たる人たちがいて……今度また話します」

A35：「そうなんだ。なんか楽しみになってきたけど、私の方で手伝えることはないかな？」

B35：「まずはイメージが描けたところで見ていただきたいです」

A36：「もちろん。次回の1on1でもいいけど、何か思いついた時点で待たずにぜひ声をかけてください」

B36：「はい。じゃあ、ちょっとプランを書いてみます」

A37：「いいね。ぜひお願いします。えっと……今日、他に言っておきたい、付け加えておきたいことはありますか？」

B37：「他は……、いえ、大丈夫です」

し出ています。部下としては本音と建前が半々かもしれませんが、上司は出てきた言葉を拾って、部下がこれから向かおうとしている行動について、上司としてもコミットメントを示します。一枚噛ませてほしいという、言わば共犯関係の申し出が、部下の行動を強く後押しすることになります。

36「待たずにぜひ声をかけてください」という表現で関心の高さを示しています。ここまで来ると部下としても何もしないわけにはいきません。ただし、単に押しつけられたというより、お墨付きを得たという感覚ではないでしょうか。

37一つ新たな行動が見えてきたところでクロージングですが、制限時間が来る前に多少のゆとりを確保しておいて、最後は上司ではなく部下の言葉で締めたいです。部下が話したかったことを話しきれたかどうかを確認することを通して、1on1全体を振り返ってもらえたら理想です。

38上司は、内容のいかんにかかわらず、部下が話をしてくれたこと自体に対してポジティブな反応を残しておきたいです。ここではシンプルに「話が聞けてよかった」と言っていますが、いわゆる伝統的な上司キャラだとなかなか出てこないセリフかもしれません。しかし、こそばゆいのは上司の方だけで、部下にとっては決して悪い気はしません。

A38：「今日、この話が聞けてよかった」

B38：「こちらこそ、話せてよかったです。ありがとうございました」

A39：「テーマとして先に挙がっていた他の3つについても気になりますね」

B39：「はい、また別途、お時間ください」

A40：「了解。ありがとう」

---

39 他の案件も忘れておらず、同様に関心があることを示しておくことは大事です。繰り返しですが、1on1の目的は仕事の振り返りを通じて内省を促すことです。他にもテーマが出てきたということは、それぞれ貴重な材料になり得ます。普段はメモを取らないという上司も、テーマの候補くらいは思い出せる程度に書き留めておくことをお勧めします。

40 最後は言葉で感謝を示しています。部下にとって上司は常に評価者であることから逃れることはできません。ですから、部下が上司に話をするということは、少なからず勇気を伴う行動だということを常に念頭に据えておくべきでしょう。つまり、話してくれたこと自体が、礼を述べるに値する行為だととらえておきたいです。

※1 レコグニションとは、相手を普段からよく観察し、気づいた成果や変化について言葉がけすること。また、能力や感情、価値観など、その人のあらゆる「らしさ」に注目し、言葉や態度でそれを示すこと。コーチングやカウンセリングでは、承認や認知と呼ばれることもある。

※2 オープンクエスチョンとは、二者択一で回答できる質問を避け、自由に発言できる聞き方を指す。反対に、AかBのどちらかを選択させるような回答範囲を限定する聞き方は、クローズドクエスチョンと呼ぶ。

※3 スライドアウトとは、「他には？」といったシンプルな問いかけにより、話し手の思考を広げたり、行動の選択肢を増やすための質問技法のこと。

2　1on1以外の時間につなぎ込む

1on1を実施している15分や30分といった時間をどうリードするか。コーチングやティーチング、あるいはフィードバックといった対話の技術を駆使した「1on1のやり方」は、もちろん大事です。しかし、そうした1on1の中でのアプローチ方法にばかり関心を持つことは、必ずしも1on1の効果を高めることにはなりません。

「ちゃんとした1on1をやると、業務時間のすべてが研修になる」

第1章の「目的2」のところでも紹介しましたが、これはヤフーで1on1を推進してきた小向洋誌さん（現LINE株式会社）の名言です。すなわち、部下が、業務の質を上げて成果に結びつく行動を行うためのきっかけを得ることこそが、1on1の目的となります。したがって、1on1自体の質を上げることは最終目的ではありません。なぜこのような点にわざわざ触れるかと言うと、1on1を良いものにしようと一生懸命になるあまり、「いい1on1選手権」に陥るという罠が潜んでいるからです。

あるいは「1on1の目的は人材育成である」という表現が誤解を生むのかもしれません。文字通りにとらえてしまうと、対話している30分の中で部下が何かに気づき、学びを得てもらわなければならないという錯覚を起こします。あり得ないとは言いませんが、30分で部下の成長を期待することはほぼ無理です。この錯覚のせいで、限られた時間でなんとかしようとしてあれこれテクニックを詰め込みたくなるのです。また、上司としてうまく対話をリードできたかどうかの実感もその場でほしくなります。部下のための1on1のはずが、いつのまにか上司の対話技術を披露する場になってしまう危険があります。特に、コーチングやカウンセリングを学んだ人にこの傾向は顕著で、良い質問をしようとしたり、本や研修で学んだテクニックをこっそり試したくなる上司も少なくありません。これでは、誰のための1on1なのか首を傾げたくなります。

経験的に申し上げると、上司から見て「今回はうまくいった」と感じた1on1でも、部下にとってはそうではない、ということはざらにあります。逆に、上司から見て「今回の1on1はうまくいかなかった。言い過ぎてしまった」と感じるようなケースであっても、部下にとっては「あの1on1で自分は変わった」と思うほど、インパクトがあったということもあります。

話を戻しましょう。1on1は、部下の仕事の質を向上させて、成果を上げてもらうために行うものであり、その成果は１on１の時間だけでなく、その後にジワリと効いてくるものです。

ここでは、１on１をやっていないときに表れる効果を「場外効果」と名づけ、それをイメージしていただくために、いくつかの例を挙げます。ここでは、一つの１on１が終わってから次の１on１までの期間をざっくり3つに分けて、それぞれどんな場面が１on１によって生じ得るかを、習慣化という観点から描いてみました。本章前半でお読みいただいた、上司の鈴木さんと部下の佐藤さんの１on１に続くストーリーとしてご覧ください。言うまでもなく、バリエーションはこの限りではありません。他にどのようなシーンで効果が現れそうか、読者のみなさまにもあれこれ思い浮かべていただきたいと思います。

シーン1

1on1が終わったあと

スッキリして1on1を終えるよりモヤモヤと余韻が残るくらいの方が内省に効く

部下の視点

上司からの問いがまだ耳に残っています。

尋ねられてうまく答えられなかったこと、なんとか言葉にはできたけれど話していて自分でもしっくり来なかった説明、また、相手が上司ということで少し話を盛り過ぎた部分などが、しばらく頭の中でグルグルと回っています。いつもの仕事場に戻って業務を再開しますが、ふとしたきっかけで脳裏に再びその記憶がよみがえってきます。舞い戻ってきた問いが基軸となって、今度は自分との対話が続いていくことになります。

定期的な1on1がしばらく続いていくと、1on1が終わって職場に戻ってからも内省が続く習慣がつくられていきます。実は1on1の効果が染み出してくるのは、目の前に上司がいるときではなく、業務に触れながらふとしたきっかけで内省が回り出す瞬間や、むしろ業務からも離れて一人になった時間帯だったりします。そして、問いに対する自分なりの考えが少しまとまると、その場で小さな行動に移すことができるようになってきます。その積み重ねがさらに習慣化の後押しとなって、最初は自覚すらないかもしれませんが、一定期間を振り返ったときに行動の量と質が有意に変化していることに気がつきます。

1on1が終わったあと、佐藤さんの頭の中ではグルグルと思考が続きます。「さっきの1on1では、思ったように質問に答えられなかったな」と振り返りつつ、鈴木さんとのやりとりを反芻しながら、考えます。

……鈴木さんに「ヒントは?」と聞かれて、「拠点ごとにキーパーソンを立てる」と答えた佐藤さん。ただ、具体的な方策は、まだ描けていませんでした。

あくまでヒントなのだから、それでもいいのかもしれない。いや、言った以上は、アクションを決める必要がある。それが、いずれ解決しなければならない課題であることは間違いないのだから。

1 on 1が終わったあと

さっきの1on1では
思ったように質問に答え
られなかったな
部下 佐藤
自分からテーマを
選んでおきながら
最後は
「まだ今期が大事だから」
なんて言葉を濁したり
して……
鈴木さんには
変に取られなかった
だろうか

自分の言葉が脳裏によみがえります。

「地方拠点同士のノウハウの連携が薄い」

「仕組みもちゃんとつくった方がいい」

「旗振り同士でつながって盛り上げられたら」


連携が薄いのは事実だし、解決法として仕組みをつくることも望ましい。盛り上げたいという思いは、もちろんある。「今できることの方がまだ優先順位が高い」というのは、思わず出てしまった本音ではあるが、有り体に言うなら「逃げ」の一言だ。

東京のリーダーたちと雑談していたときに思いついたアイデアだけど、確かにあのときはピンと来ていたはず。でも、実際どうしようと思ったんだっけ。


自席に戻るとパソコンを立ち上げ、各拠点のメンバー表を開きます。確かに、名前は知っていても、顔が浮かばないメンバーもいます。加えて、自分の考えがまだクリアでなかったことにも気づきます。そうこうしているうちに、少し、手がかりが見えてきました。そもそも、まだ拠点サイドに、人的ネットワークが築けていないことに思い当たったのです。キーパーソンが誰なのかが、わかっていない。だから具体性が生まれてこないのではないか。まず、それを解決することが先決だ。第一の課題が見つかったようです。

雑談したときのリーダーたちともう一度話してみようか。

佐藤さんはメールソフトを立ち上げました。内省から、一つの行動が生まれました。

上司の視点

1on1は、部下のための時間であることが第一義ですが、上司にとっても1on1を振り返ることで得られるメリットは少なくありません。メールのやりとりや同席したミーティングから察知できる部下の情報は限られています。通常のミーティングでは、業務で何が起きているかを知ることはできますが、個々の部下が何をどう考えているのかまでを知るのは困難です。

鈴木さんは、佐藤さんの話を反芻しながら、あらためて佐藤さんが抱えていた課題感について「しばらく見守っておくか」と自分のスタンスを決め、さらに彼の先々のキャリアについてあれこれと思いを巡らせます。

視座を上げるための仕事。例えば、経営企画室などはどうだろう。ちょうど、全国の課題調査プロジェクトを手伝ってくれる中堅社員を探していたはず。拠点をつなぐという彼のアイデアを進めていく際に、ネットワークづくりの機会として役立つかもしれない。次回の1on1で、それとなく彼に感触を聞いてみようか。経営企画室の方も、もう少し様子を聞いて情報を入れておくことにしよう。

1 on 1が終わったあと
佐藤さん拠点の連携が気になっていたのか
上司　鈴木
さっきはちょっと突っ込んで聞き過ぎたかな
任された方がやる気を起こすタイプのようだしまぁしばらく見守っておくか
人材育成にも以前から関心が高いのと他部署を巻き込んでいく姿勢にも優れている
近い将来の昇格に向けてどこかで少し視座を上げる仕事のチャンスはないだろうか

部下に主体性を持って業務に当たってもらうことが上司の役目だとすれば、個々人に適したコミュニケーションが不可欠です。そのためには、「何があったか」ではなく、部下が「どう考えて行動したか」に焦点を当てて話を聞く場の確保が重要になります。部下に関する知識を増やし、相手に合ったアプローチ方法を獲得するために１ｏｎ１は貴重な機会になるのです。

シーン2

1on1と1on1との間で起こること

気になるトピックが共有できているからキーワードだけで「1分間の1on1」が成立する

1on1を継続していく中で、上司と部下との間で共有化されたキーワードをつくっておくと、ほんの短い時間でも有意義な対話が成立します。普段の定期的な1on1で部下が気にしていることを知っている上司だからこそ、現場の状況と部下の表情を照らし合わせながら自然な声がけが可能になります。一見するとありふれた雑談に思える会話も、偶然の機会を待つのではなく意図的につくり出すことによって、部下の経験学習を現場で回していくことができます。すなわち学びが具体的に活かされ、行動が増えることで成果に結びつく頻度が上がっていくことになります。

企業研修を実施したときによく耳にする話ですが、研修直後の評判がとても良かったとしても、職場に戻ったらすっかり忘れて学んだことが実践されないということがよく起こります。1on1でもほぼ同じことが起きます。1on1でせっかく得られた気づきを現場で活かせなかったり、やろうと決めた行動がなかなか起こらなかったりするのです。そんな残念な状況も、職場での1分にも満たない上司の働きかけで変化を起こすことができます。次ページのマンガを読んでみてください。これは、ほんの一例に過ぎませんが、社外のコーチやカウンセラーにはできない、協働者だからこそ可能な支援です。

休憩コーナーでの対話

お疲れさま
ひと息？
いいねえ
あっ鈴木さん
お疲れさまです会議だったんですね
ええ
あ そうそう山田くんどう？
あぁさっきちょうど声をかけたところだったんですよ
でどんな感じでした？
ときどき深く考え込むタチらしいのですが
今日は心配な感じはなくなっていたので少し安心しました

そうか それはよかった もう大丈夫 かな？
いや やっぱり彼は ちょくちょく声を かけた方が いいみたいです
こんど 続きを 話したい です
ん？
今 話す？
いえ
今週の1on1の ときでいいです
OK

これは、ざっと60秒ぐらいのやりとりです。

どこのオフィスでもある雑談風景にも見えますが、この小さなやり取りによって、声がけされた部下の佐藤さんの中では何が起きていたでしょうか。とてもコンパクトですが、経験学習サイクルの一部がクイックに回ったことに気づいていただけたでしょうか。

「山田くん」という共有キーワードだけで対話が始まり、普段の１ｏｎ１という枠から飛び出して、より現場に近い場所で再び振り返りが促されています。

このくらいのコミュニケーションなら普段の職場で十分できてるよ、と感じるマネジャーも多いかもしれません。確かに、こうした小さな接点を頻繁につくれているとしたら、それが１ｏｎ１として機能している可能性はあります。ポイントは上司と部下とで対話の目的がどれだけ一致しているか、また、部下が起こそうとしている行動に関して、上司がどれだけ「共犯関係」をつくれているかということです。そうした下地ができていれば、日々の声がけだけでも経験学習サイクルは回っていきます。ただ、果たして部下の側はどのように感じているでしょうか。やはり、ときどき確かめる機会はあった方がよいでしょう。

経験的に言えば、コミュニケーションがしっかり取れていると自負するマネジャーで、本当に言葉通りにできている人はその半分にも満たない感触です。

それはマネジャーたちが悪いわけではありません。ここで求められているコミュニケーションは、社会人をやっていれば自然と身につくような技能というわけではありませんし、学校教育で教えてもらえる類のものでもないからです。だから意図的に、組織ぐるみで機会を設ける意義が生じます。そこに、元来は特別でも何でもないはずの上司と部下のコミュニケーションに、わざわざ1on1という名前までつけて取り組む価値があるのです。

シーン3

1on1を明日に控えて

1on1によって日頃仕事をする中で振り返ることが習慣化されていく

部下の視点

仕事を振り返る機会として1on1を始めたという方は多いかと思います。せめて週一回くらいは立ち止まって、しっかり考える時間をつくろうということです。これが習慣になったら経験からの学びは加速していくでしょう。

しかし、習慣化の効能はこれに留まりません。しっかり定着してくると、振り返りは1on1の時間だけでなく、その前日くらいから始まるようになります。1on1の冒頭が上司の「今日は何を話す?」という決まり文句で始まることがわかっているからです。

さらに定着が進むと、1on1が近づいてくるから振り返るのではなく、日頃仕事をする中で振り返ることが習慣化されていきます。上司などの他者が関わらなくても自問自答で経験学習サイクルが回る状態、つまり目指したい理想の姿です。

そして肝心なのは、振り返りで得られた学びを具体的な行動につなげていくことです。経験学習の理

1 on 1を明日に控えて

明日は鈴木さんと1on1か
1週間が早いな
先週は主に何を話したっけ?
そうだ拠点連携のことを少し話してアイデアを絵にしてみますなんて言っちゃったんだっけ
結局細かい絵までは描けなかったけど書き出しておいた要点だけでも見直しておこう
他に今週は何やったかというと……
そうだ西地区の件まとめようと思ってたけど材料が集め切れていないぞ

論から言うと、回転頻度が増せば、それだけ行動が増えることになります。さらに、行動の性質にも重大なポイントがあります。誰かに言われて行動を起こす場合に比べて、自分で気づいて行動に移す方が主体性が高くなるということです。１ｏｎ１を通じて上司が部下の内省を支援する意義をイメージしていただけたでしょうか。

西地区のプロジェクトについて振り返ってみると、材料集めについて山田くんに手伝いを頼んでいたな。でも、まだ報告は来ていない。関係者の多いプロジェクトだから、情報共有はしっかり進める必要がある。多くの資料を集めて、それを元に詳細なレポートを作成しなくては。

少し元気をなくしていたように見えた山田さんには、最近、意識して声をかけるようにしていました。その甲斐もあったのか、明るさを取り戻したように感じ、今回の業務も分担してもらうことにしたのです。ただ、少し急いだ方がいいようです。佐藤さんは、すぐにチャットツールを立ち上げ、山田さんにメッセージを書き始めました。

上司の視点

1on1の準備は上司にとっても非常に大切です。個々の部下について、日々の観察を通してどれだけ情報を集められるかが1on1の成否を分けると言ってよいでしょう。

鈴木さんは明日の1on1について考えを巡らせるうち、先々のキャリアについて話をしようか、と思いつきます。

面倒見のいい佐藤くんなら、人材育成方面の経験を積んでもらうのもいいかもしれない。そう言えば、若手の山田くんは、その後、元気を取り戻しただろうか。そのこともまた話題にしてみようか。

鈴木さんの頭の中で連想が広がります。

これまでの部下の発言と、観察から知り得たことや周囲から集めた情報を照らし合わせておくことで、部下にとっての1on1の価値は格段に上がります。これは上司にとってもメリットがあります。習慣化すると、観察力が確実に鍛えられ、情報収集力と洞察力の向上につながって、必然的にマネジメント力が上がるのです。

1 on 1 を明日に控えて

えっと 明日の予定は…
お 佐藤くんと 1 on 1だ
何か気になる点……
あ そうそう 企画会議のあとの反省会もうまい進行だったことは触れたいな
言葉にしておこう
それと 例の課題調査プロジェクトの件 経営企画室への回答期限はまだ先だけど このタイミングで佐藤くんに尋ねてみるべきだろうか
まぁ 念頭には置いておこう

一点留意すべきは、事前にたくさんネタ集めができたとしても、部下の話を聞く時間であることに変わりはないということです。用意したトピックも、あくまで部下からどうしてもテーマが出てこない場合のみ、呼び水的な使用に留めます。話を聞くだけなら準備など不要ではないかと思われるかもしれませんが、こうした準備の有無は上司の相槌一つに表れて部下に伝わるものです。

最後に、フィードバックについて付け加えると、これこそ準備なしに成功はあり得ません。具体的にいつどこで見られた行動で、それが周囲にどんな影響を及ぼしたのかを事実ベースで示すことが必要だからです。上司自身の考えも含めて事前の整理が不可欠であり、これはポジティブな内容でも同様です。しっかり観察してきたことが伝わってこそ、納得性を伴うフィードバックになるのです。

＊＊＊

本章では、１ｏｎ１の時間と、それ以外の時間とのつながり、そして、そこからどのようにして効果が生まれてくるのかをイメージしていただくために、具体的なシーンを描いてみました。

くどいようですが、１ｏｎ１は、最終的に仕事の成果を上げることにつながっていなければ意味がありません。この当たり前のことを何度も繰り返すのは、１ｏｎ１を良いものにしようと一生懸命になるあまり、つい１ｏｎ１の時間だけに意識が向いてしまうことがあるからです。そして、すべてを１ｏｎ１の中で完結させようとし始めると、テクニック過多に陥ったり、いつの間にか手段が目的化してしまう、という落とし穴も生じてきます。そんな様子を、私たちは社内外でたくさん目撃してきました。

１ｏｎ１の効果は、１ｏｎ１の中で確認できるものではありません。優れた１ｏｎ１の先にあるのは、個人であれば仕事の成果であるし、組織であれば業績目標の達成です。これこそが、１ｏｎ１の本質です。このことを時折思い出して、実践している１ｏｎ１が、現場とどのくらいつながっているか、すなわち通常の業務時間にどのように好影響を与えているかをチェックしてみること。その大切さを強調しておきたいと思います。

第5章 専門家の知見に学ぶ

本章では、組織開発、経験学習、カウンセリング、コーチングという、ヤフーの1on1にとって大事な背景理論の専門家の方々との対談をまとめます。それぞれの知見と1on1とをすり合わせてみることで、あらためて上司と部下とが対話する意味と意義を検証することが目的です。専門家の方々には、事前に本間と吉澤による1on1のデモを見ていただき、コメントもいただきました。各対談はボリュームもあり、かなり深く1on1を考察していただいています。じっくりお読みいただくことで、今、みなさまの1on1が抱える課題、あるいは職場コミュニケーションにおける課題を解決に導くヒントやカギが見つかるのではないかと思います。約100ページにわたる知的探究の対話をお楽しみください。

対談I……組織開発と1on1

テーブルの下で起こっていることを意識して見る

中村和彦さん

南山大学人文学部心理人間学科教授。同大学人間関係研究センター長。専門は組織開発、人間関係トレーニング（ラボラトリー方式の体験学習）、グループ・ダイナミックス。米国のNTL Institute 組織開発サーティフィケート・プログラム修了。組織開発実践者のトレーニングやコンサルティングを通して、さまざまな現場の支援に携わるとともに、実践と研究のリンクを目指したアクションリサーチに取り組む。著書に『入門 組織開発』（光文社）、『マンガでやさしくわかる組織開発』（日本能率協会マネジメントセンター）、訳書に『対話型組織開発 その理論的系譜と実践』（英治出版）がある。

私（本間）は組織開発という考え方が好きです。それは人事部門や外部コンサルタントがリードするのではなく、もっと現場に近いところで、職場のリーダーが中心となって試行錯誤するようなイメージで、多くの働く人がイメージするものとは、少し異なるようです。

このような考えを鍛えていく過程で、中村和彦先生は私にとって師匠のような存在で、10年以上、定期的に学びと刺激をもらっています。これは言語化することが難しいのですが、私の中では、１on１と組織開発は共通点が多く、隣接領域であると思っています。

加えて、ヤフーには中村ファンが多く、講演や複数の社員を通じて長期間にわたり、ヤフーをみていただいているので、私たちのことをよくご存じです。1on1だけでなく、大きな人事施策の流れの中での1on1をご理解いただいている唯一無二の存在でもあります。

余談ですが、私が2011年に神戸大学のMBAを受験するとき、どちらに願書を出そうか迷ったのが、中村先生が教鞭を執られる南山大学で、願書までは取り寄せた記憶があります。あのとき、神戸ではなく名古屋（南山大）に通っていたら、今頃、私は何をしていたのかなと妄想することがたまにあります。

対談では、ヤフーの1on1と組織開発を中心に、中村先生のお話を聞かせてもらいました。

上司が「聞きたいことを聞く」場ではない

本間　1on1のデモを見ていただきましたが、ご感想をお願いできますか？

中村　まず、上司からの質問が非常に短いな、と思いました。長々としゃべったりしませんよね。「最近、何が気になってる？」「他には？」「何を一番考えたい？」「で、どうしたい？」というように。コーチングを学ぶ際に、こういう質問をするといいという、定型化された質問が示されることがあります。そうではなかったので、現場の人でもやりやすいな、と感じました。

ある企業で、現場のリーダーにコーチングするときのデモを見たことがあります。これも、質問が短かったんですよね。ただ、その質問は定型化されていました。5個か6個の質問があるのです。そのように定型化すると、形式化していく弊害があるように思います。形式化せず、その人なりの質問をシンプルに聞いていく1on1は、いいなと思いました。

シンプルな質問を投げかけて、相手が考える。そうやって、ぐるぐると頭を回転させることが大事なんだということが、徹底されていると感じました。

本間　組織の中で起きていることは質問する上司の側にはわからなくて、一つの介入でしかないとすると、それぐらいのスタンスの方がいいと思うんです。

中村　なるほど。それと、上司側が可能な限りオープンな質問をしているな、とも感じました。制限をかけないというか。短い言葉だけど、かなりオープンな質問をしながら、部下が何でも言えるような形にしているのでしょう。あと、いつもはどういう座り方をするのかはわからないんですが、横に並んで、間隔も近かったですよね。真向かいに座って「どうだ、日頃は」なんていうパワーを感じさせるやり方ではなく、寄り添うみたいな感じなんだな、と思いました。世の中のマネジャーが、みんなああやって15分でも30分でも部下が語ることを大事にするような対話ができればいいですよね。そこで大事なのは、やっぱり上司への信頼関係だと思うんです。「この人なら何を言っても大丈夫だ」とか、「何を言っても受け止めてくれる、聞いてくれる」という信頼関係ができるような聞き方をどうするかって大事だなと思ったんですけど、まさに言ったことを否定しないし、部下に関心を持っているな、という姿が出ていたと思います。あなたに関心を持ってるんだよ、ということが体から表れるかどうかは、とても大事なことなんだろうな、と思って。

本間　それは、その通りです。

中村　そういうことが部下側にも伝わったのだと思いますが、上司が「3つ話して」と言ったのに対して、5つぐらい言いましたよね。あまり緊張していなかったように見えました。

ディテールを聞かない

本間　最初のうちは緊張していても、話し出すと、そのうち言うつもりもなかったことを話したりしますすね。対話のパワーというか、それはすごく感じます。

中村　「3つ言って」とパワフルに詰め寄ってくるような聞き方だと、「ああ、3つにしなければいけないいな」と思うかもしれないけれど、そういう意味では自由さがあったと思うんですよね、部下の中で。横に寄り添って、公園のベンチにいるような感じがしましたね。あとは、具体的なことをくどくど聞かないな、と感じました。あまり細かい登場人物の話などを聞かずに、どんなふうに困っていて、どういうふうになりたい？と問いかける。一方の部下の方も、あまり細かいことは説明しなかった。これって大事なところだな、と思うんですね。聞く側は、自分が知りたくて聞くときには、どんどん状況を掘り出そうとします。そうすると、聞かれた側は、自分の状況を細かく説明しようとし始める。細かく説明していくと、自分が何を問題と感じているかがぶれてしまう。要するに、聞く側が聞きたいことを聞くことによって、どんどん話が細かくなっていくことがあると思いますが、本人にとって何が問題でどうしたいか、何をするかを考えることが大事なので、そこにまっすぐ行くんだな、という感じがしましたね。

本間　先生がおっしゃるように、ディテールを聞かないということは、気をつけています。ディテールを聞き過ぎるとおかしくなります。やっぱり上司と部下なので、いつの間にか報告モードに変わることがある。私は上下関係だからこそ、いい部分もあると思うけれど、リスクもあると思います。

中村　ある講座で、コーチングのデモを見た参加者の方が、「相手に寄り添っていなくて冷たい感じがした」とコメントされたことがありました。その方はカウンセリングを勉強されていたようでしたが、状況や背景を聞かずに、「どうなっていきたいですか？」「次はどう行動したいですか？」と尋ねていくことに対して、ディテールを聞かず、共感的ではないと。

そこで私が、「ディテールを聞いてその上で相手の決定を促すのが目的ではなく、相手が次にどう行動するかを短い間に明確にすることが目的なのですから、丁寧に細かく共感するとか、その状況をしっかり把握するなどということは不要なんです」とコメントしたことを思い出しました。

つまり、本当に部下の置かれている状況に共感したりディテールを聞くことが必要かというと、そうではなく、部下本人が今経験している状況がどのようになっているかは、本人が考えればいい話。そこは、次に何をするかが明確になるための対話なんだと思いましたね。

本間　はい。いわゆる「壁打ち」が一番いい、ということです。上司は、テニスで言う壁打ちの壁なんです。私自身がコーチングを受けたりカウンセリングを受けたりしてきた経験から、先生がおっしゃった通り、あまりディテールを聞かれて共感されてもな、と思うんです。信頼を勝ち取るため、共感を得るためのテクニックはありますし、それは否定しません。でも、1on1においては、それは部下の思考を邪魔するおそれがある。行動を聞いて、それを見て、振り返ってというサイクルを回すしかないと思います。あと、もう一つあるとすると、1on1って、もっと楽にできるものだと思うんですよね。カウンセリングは、1日に2人とか3人がせいぜいだと思いますが、1on1はそうではありません。

中村　ディテールは聞いてないかもしれないけれど、相手が何をしたくて、どんな行動ができそうか、ということに関心を持って聞く、ということですよね。

「評価する」から「一緒に探求する」というマインドセットへ

中村　そのように考えると、上司の考え方と姿勢によって、１ｏｎ１の質は大きく左右されるのでしょうね。ヤフーの１ｏｎ１がうまくいっているのは、部下が「経験学習」を進めることを支援するのが上司の役割だ、と定義しているからでしょう。上司は部下を監督し、評価する人間だ、という定義を会社がしていたら、決して機能しないのだろうなと思います。

本間　私の中では、上司の役割は明確なんです。避けたいのは、自分の経験則を絶対視して「こうすべきだ」と考えてしまうこと。それでは部下は上司を超えることができない。上司と同じように振る舞う部下のことを「上司の劣化コピー」と私は言いますが、上司の劣化コピーを量産されても、会社は困るんです。変化に対応できません。

中村　それは、上司が「こうすべきだ」と考えていることを部下が忖度して、当てにいったり、上司の言わんとしていることを言ってしまう、ということですか？

本間　はい。かつての日本企業は、忖度とか空気を読むことが、成長の秘訣であったと思うんです。例えば、高度経済成長の時代は、市場が拡大していて、良いものを早く、安く売ればそれでよかったから、忖度や空気を読むでもよかった。しかし、これからは違う。例えば、組織の知識という視点で言えば、部下が知っていれば上司は知っている必要がないかもしれない。

ヤフーの場合、多様な知識と経験を持つ7000人の社員がいるということが強みになると思うし、副業に積極的な理由の一つも、多様な知識や経験とつながりたいということなんです。これらの知識や経験をつなげていく場が1on1だし、1on1じゃなくても、つながる関係づくりを整えるツールの一つとも言えます。一方で、通常の業務に関するホウレンソウも、1on1の中では頻繁に行われます。

中村 上司が1on1で一緒に話すことのメリットは、一つはタスクとリレーションを同時に扱えることだなと思います。組織開発でリレーションだけに入ろうとすると、失敗しがちです。タスクの話をしながらいろいろなことが自由に話せるリレーションをつくっていくということが大事なんだけど、リレーションだけに入ろうとすると、非常に気持ち悪い場所になる。

ただ、さまざまな会社の取り組みを見ると、最終的にはタスクに取り組むんだけど、その地ならしであるチームビルディングとして、リレーションだけに光を当てるというケースはあります。3カ月なり半年でリレーションをつくり、その先はタスクをきっちりやるという道しるべを見せている。このように、タスクの話をしっかりできるリレーションをつくる、という両輪でやっている組織開発が成功すると感じていて、ヤフーの1on1は、その一例だな、と思います。タスクの話は上司とでないとできないし、上司がタスクの話を部下とちゃんとできるような関係性をつくっていくという意味があるので、やはりその観点で言うと、１ｏｎ１は上司と部下とでやるのがいいんだろうな、と思います。

本間　私たちもそう考えています。

中村　上司が部下の経験学習サイクルを回して、一緒に考えるような態度をどうつくるか。これはマネジメントのマインドのシフトですね。これには教育が必要で、要は教えるとか指示するとか、すぐに業績を出させる、自分は評価する、というマインドセットから、一緒に探求して、部下がチャレンジしてみると、その方が最終的には生産性が上がるんだ、というマインドセットにシフトする必要があるのでしょう。ヤフーは、それをやってきたと思っています。コーチング研修でもやっているし、マネジャー研修で「関係の質は大事だよ」とインプットしてきたし、いかにリレーションが大事なのかという、そのマインドを上司に入れてきたからこそ、機能するということだろうと思います。

そのようなマインドセットを持つ上司との間で、話されている内容はタスクなんですよね。タスクのことが話されながら、リレーションが変化したり、形成されたりすることが大事だな、と思っています。リレーションの話が出ればなお素晴らしいけど、今ちょっと不安で言えませんとか、そこで起こっている話が出ればいいのでしょうね。

一つのポイントは、上司が１ｏｎ１中に、今日のこの会話はどうだった？と聞ければ、リレーションの話にもなると思います。ただ、決してタスクの話をしながらリレーションのことに常に言及しなければいけないかというと、そうではないと考えます。ちゃんと聞いてくれているなという信頼関係ができてくるとか、この人は何でも言って大丈夫だ、という安心感が出てくるようであれば、確実にリレーションに関わっていると思うんですよね。さらに良くなるためには、リレーション自体について会話できる、例えば「今の質問どう？　きつくなってない？」みたいに聞けたりとか、「今日の１ｏｎ１どうだった？」みたいに聞けることとか。

本間　今、先生の話を聞いていて思ったのは、僕は１ｏｎ１についてカウンセリングでやる傾聴の初歩的なやり方しか教えないんです。それをすることによって、リレーションが向上している。１ｏｎ１はリレーションを向上させる場である、という定義も可能なんだなと思います。

結局、傾聴しか教えないから、聞くことしかしないし、最後は行動を聞くことしかしないから、タスクレベルでは、実のところ大した情報交換はなされていないけれど、定期的にお互いのリレーションを高める効果がある。これによって、その関係値は確実に良くなっていく。「本間さんだから言いますけど」とバンバンすごいことが出てくるというのは、１ｏｎ１によってリレーションを高めたから。そのようなリレーションが、他の方法で高まるかというと、高まらない。

自分の成功例とか正解を手放すことが必要

本間　中村先生は、そもそもコミュニケーションの研究というか、組織開発に取り組まれる前は、どちらかというと人間関係のＴグループ[6]とかの研究と実践をされていましたよね。

中村　体験から自分自身のことに気づいたり、コミュニケーションの力を上げたり、という研究領域です。

本間　リーダーシップの範囲にもよりますが、組織って、部下が10人いれば、そのうち2、3人は、リーダーが苦手な部下だと思うんですよね。一方で、私はコミュニケーションは頻度だ、と言い続けています。苦手な相手だから話さない、話さないから知らない、向こうもわかってこないとすると、定期的に会社が与えるコミュニケーションの場みたいなもの、と1on1を位置づけることがあります。先生のご専門である人間関係トレーニングを踏まえてコミュニケーションの視点でいうと、1on1というのはどういう場だと考えられますか？

中村　質問とずれるかもしれませんが、関連して発想したことでいいですか？　リーダーシップの話で、会社組織におけるチームのリーダーシップから、マーチン・ルーサー・キングのような世の中を変えるリーダーシップまでがごっちゃになっている気持ち悪さというのは、どのレベルのリーダーシップを取るかという話が混在して語られているからだと思うんですね。
一般的にはリーダーシップ論とは、どのレベルでも通用するような普遍的な話なのだろうなと感じます。組織開発でよく言われているのですが、チームがパフォーマンスを上げるようになることが、最終的に組織のパフォーマンスが上がることになると考えているので、チームが活性化するようにマネジャーがリーダーシップを取れるか、ということに重きを置いています。それとともに組織全体の風土をつくり、戦略的に動いていくには、組織のレベルでの社長とか役員のリーダーシップが重要ということになる。ただ、コアとしてはチームの課長とか主任とかのリーダーシップが、とても大事になってくるのでしょう。

それに関連して最近関心があるのが、本間さんもご存じだと思いますが、『対話型組織開発』[7]の中でも取り上げられている、ハーバード・ケネディスクールのハイフェッツ[8]なんです。ハイフェッツは「技術的問題」と「適応課題」ということをいっています。問題がこれ、とわ

6 米国の心理学者であるクルト・レヴィンによって始められたとされる人間関係のトレーニングで、トレーニング・グループの略。通常、7〜10人のメンバーと2人のファシリテーターで一つのグループが構成され、あらかじめ話題や課題が決まっていないグループ・セッションを4日間から6日間かけて行う。
7 ジャルヴァース・R・ブッシュ、ロバート・J・マーシャク編著。中村和彦訳。2018年、英治出版刊。
8 ロナルド・A・ハイフェッツ（Ronald A. Heifetz, 1951〜）。ハーバード・ケネディスクール教授。リーダーシップの実践と教育に関する独創的な研究で知られる。主著に『最難関のリーダーシップ——変革をやり遂げる意志とスキル』（英治出版）。

かっていて直すのは技術的問題で、それには既存の技術を当てはめればいい。一方、適応課題というのは自分も渦中にいながら、経験したことがないような問題のことをいいます。今、多くの企業組織が直面しているのは、こちらでしょう。例えば新しい仕事をする、というのもそうだし、新しい人が入ってきて、そこの人間関係をどうするか、というのもそうです。

ここで多くのリーダーが間違えるのは、適応課題を技術的問題の解決法で解決しようとする。これがよくない、とハイフェッツは言っているんですよね。

要は、「コミュニケーションを改善するために、朝会をやりましょう」とか、「ランチミーティングをやりましょう」とか、自分たちの間で起こっているのは適応課題なのに、既存の問題解決法を外から持ってきて入れようとしてもダメなんです。1on1がうまくいかない場合の原因もこれだと思います。いろいろな会社がコミュニケーションが悪いという適応課題に、ヤフーが成功しているからといって技術的問題の解決法のように1on1を導入している。

そうではなく、自分と部下との間で何が起こっているかを探求することが大事だと思います。自分たちがどうコミュニケーションを良くすればいいかと考えて、探求しながら気づくことが必要。ハイフェッツは、それがリーダーシップだと言っていて、多分、1on1の中で起きていることも、技術的問題の解決策として、自分の過去の経験での成功事例を持ってくるのではなく、1on1の中で対話をしながら、どうやったらいいんだろうね、と自分も一緒に探求しながら本人に考えてもらう。マネジャー側のマインドが変わってくることが大事で、自分の成功例とか正解を手放すことが必要になるのだ、と言っているんです。

本間　面白いですね。カウンセリングでも、「先生これどう思いますか？」と聞かれたときに、「君は僕の意見が聞きたいんだね」と答えなさいと教わります。それに近いものがあると感じますね。

中村　今の時代は、チームがより良くなっていくためには、マネジャーは過去の自分の成功体験を手放しておいて、自分もそこで対話しながら一緒に考える。そういう関与みたいなものが要るというのがハイフェッツの考え方。チームのリーダーシップという意味では、「俺の成功体験を踏まえてやれ！」というリーダーシップから、「チームの中での関わり方を変えましょう」というシフトの大事さが強調されています。

本間　そうすると、先生の考える10人から15人ぐらいのチームでは、組織全体が学習して、問題をどんどん解いていくような、そういうものが健全な組織であり、そのためのリーダーというることでしょうか？

中村　そうです。チームの活性化が組織全体の変化のベースになるという考え方です。ただし、それだけで十分かというとそうではなく、組織全体の変革に向けたリーダーシップも大事です。

研修で学んだことを行動に活かせるのか

本間　「学習」についてうかがいたいです。

人工知能（ＡＩ）が広がって自分の仕事がなくなるとか、リンダ・グラットン[9]も学習は重要と言っているとか、学習しないと生きていけないと煽る傾向がある。学習が重要なのはわかるけど、その一方で、企業から見ると学習だけでは困るんです。企業としては、行動や成果にまでつながってくれないと。例えば、研修が終わったときに「今日はこれを勉強しました」だけでは許されません。その学びをどこで活かしていくかが重要で、１ｏｎ１も毎回次の行動を約束させて、そこから学んで振り返るみたいな話をするんですけど、このような、僕らがとらえている学習と、心理学者がとらえている学習とは違いますか?

中村　それほど違いはないのではないでしょうか。学習というのは、いわゆる「勉強」ととらえられやすい言葉です。細かい話をすると心理学には2つの派があって、一つは行動主義系の考え方で、見るべきは行動変容。もう一つは認知主義的な考え方で、扱うべきは認知の変容。行動が変わることも認知が変わることも、心理学ではどちらも学習です。１ｏｎ１で「じゃあ、次は何をする?」と問われて、新しいことを次までに試みることができたら、それは行動主義的に学習と言える。

本間　行動主義的なんですかね、１ｏｎ１って。

中村　認知の変容だけじゃダメだ、行動が変わらなければ、ということですからね。

本間　まあ認知が変わらなければ行動は変わらないわけですけどね。どちらかと言えば重きを置くのは次、やってもらう、ということです。いい経験したね、以上、では困る、というのがビジネスの考え方です。

中村　そういう意味では、これは上司側の話になりますが、１ｏｎ１の中で上司の質問が変わるのも学習だし、行動でも小さい変化があれば学習と言えるでしょう。部下との間で自分の関わり方を変えた方がいいな、と思ったとしたら、これは認知の変化です。一方的に話すのをやめて質問を多くしようと試みるのは、行動の変化で学習です。心理学では、さまざまなことを学習と呼びますね。

本間　今の話の続きで、研修をして部下との関わり方を変えようとするけれど、研修が終わって、職場に戻ると元に戻っちゃう人っているじゃないですか。それは、今の枠組みで言うと、

9　リンダ・グラットン（Lynda Gratton, 1955〜）。ロンドン・ビジネススクール教授。人材論、組織論を専門とする。２０１６年10月に出版された『ライフ・シフト』（邦訳・東洋経済新報社）では、寿命１００歳時代の生き方を示し、大きな話題となった。

どう解釈されるんでしょう。

中村　「学習の転移」として考えられます。研修の場では学習が起こるけど、研修で学んだことが職場に転移されない。「研修と現場は違う」と研修参加者が考えてしまい、学習の転移が現場で起こらないことが多々あります。

本間　何かその先にあるものというのは、研修したけれど変わらないという人たちに対する、人事サイドの課題のような気がするんです。トレーナーサイドではなくて。例えば、仲良しチームはいいチームなのか。ヤフーでは「関係の質」[10]についてワールドカフェ[11]とかで意見を言わせると、半分は必ず、関係の質＝仲良しチームとか、チーム学習をするとか。でもその先に行かないからよくないんじゃないか、という行動主義的な考え方の議論がよくなされるんです。

中村　なるほど、その先、つまり、行動が変わって結果が変わることがヤフーでは重視されているんですね。

ところで、「関係の質」のイメージが「仲良しチーム」となるのも、組織開発への誤解かもしれません。『組織開発の探究』[12]の中で書いたのですが、組織開発で１９６０年代に想定されていた、目指す関係のレベル（＝効果性）は非常に高いもので、何を言っても大丈夫な関係であるとか、相互にフィードバックできるなど、切磋琢磨した信頼関係が想定されていました。このような強固な関係があれば、チームとしての成果も上がっていきますね。

3段階のリレーション

本間　1on1に話を戻すと、傾聴を意識して、それを長く続けていると、微妙な社内情報も入ってくるようになります。それは、リレーションが高まるからです。そのような積み重ねを経ずに、「今の組織の雰囲気はどうですか」といきなり聞くから、部下の側も気持ち悪い。そうではなく、そういうリレーションとか信頼関係、心理的安全性にも近いと思うけれど、何を言っても人間関係が壊れない関係を構築するためと考えると、やっているのはやっぱり組織開発なんだな、と思うのですが。

中村　いや、1on1は、まるっきり組織開発だと思います。リレーションにも光を当てて、その強化も目指していますから。リレーション「にも」と言うのが大事ですよね。リレーショ

10　マサチューセッツ工科大学のダニエル・キム教授が提唱する「成功循環モデル」では、成果を出すためには、「関係の質」から着手することが重要だとされる。

11　参加者が対話を通じて、「気づき」を得ることを目的とするファシリテーションの一形式。1995年にファニータ・ブラウン（Huanita Brown）とデイビッド・アイザックス（David Isaacs）が偶然の機会に行う状況になり始まったと言われている。フォーマルな会議よりも、移動も自由なオープンな打ち合わせの方が、発想が豊かになり、意見も活発になるという思想に基づく。

12　中原淳、中村和彦の共著。2018年、ダイヤモンド社刊。

図7　3段階のリレーション

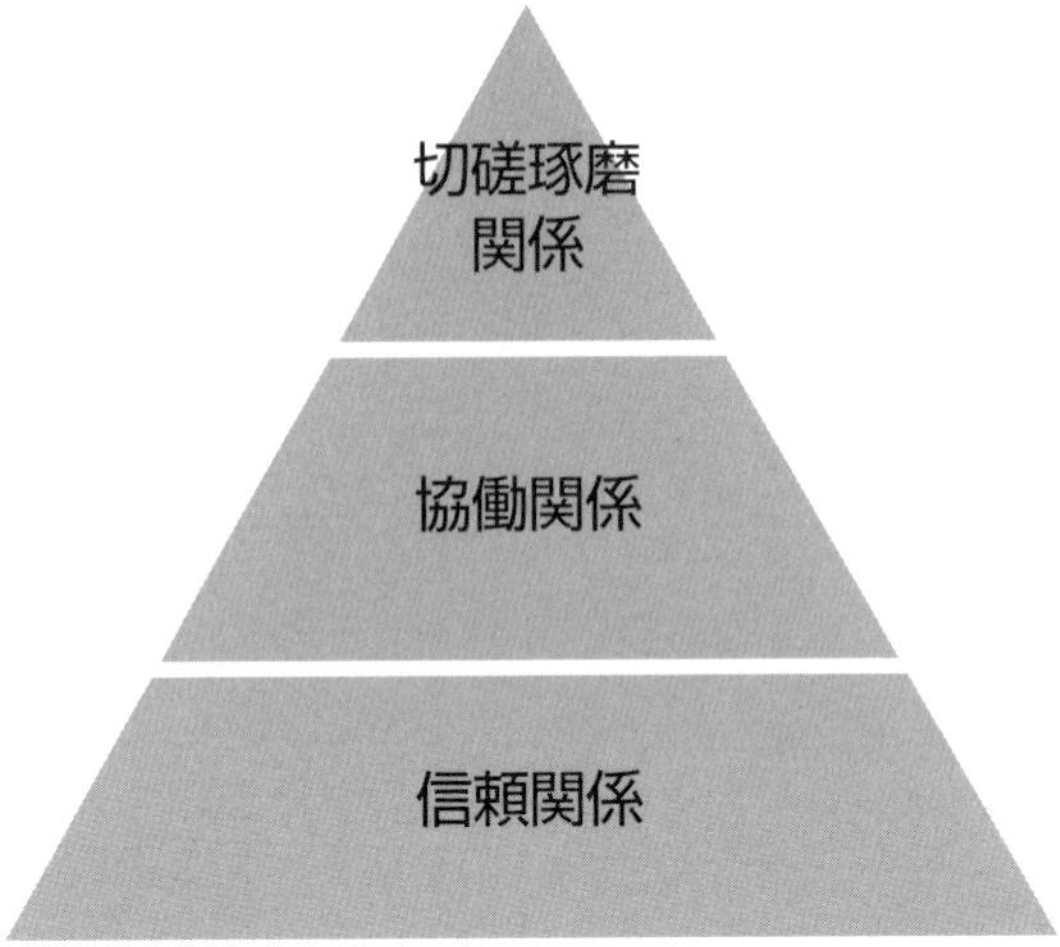

ンの強化「だけ」を目指している、となると、企業に受け入れられにくいですから。ただ、組織のパフォーマンスを上げるためには、リレーションがやっぱり大事なんですよね。

私はリレーションというのは3段階ぐらいあるな、と思っていて（図7参照）、第1段階は信頼関係。「この人は、こういう人なんだ」とわかること。この信頼関係さえもが、今、多くの組織の中でグダグダになっている気がします。上司、あるいは部下の人となりを知ろうとしなかったり、役員の顔を見たことないなどということが多いですね。第2段階は協働関係。同じ目標に向かって協力し合えるという関係です。

そして第3段階は切磋琢磨関係というか、同じ方向に向かいつつ、一人ひとりがお互いにフィードバックし合いながら学び、成長し合える関係。その中でも、ベースになる信頼関係というのは、すごく大事だと思いますね。1on1は、この信頼関係の構築にはとても有効なのではないでしょうか。だけど、いろいろな会社の事例を見ると、信頼関係の築き方を教えないで1on1だけを入れているケースが少なくない。

本間　企業の中には、役員を集めて、お互いのネガティブな部分をフィードバックさせる研修を好んでやる会社もあります。先生の言葉を借りれば、切磋琢磨関係（第3段階）の研修と言えるかもしれません。でも第1段階の信頼関係がないから「あの野郎！」みたいになることがあるんですよね。信頼関係があって協働関係があり、その上に切磋琢磨関係があるというのは正しいと思います。

中村　お互いが違う、ということだけ言っていたら、それこそケンカになる。信頼関係というベースがなければ。でも、お互いが違うということを言い合っても、関係が壊れないような、そして合意できるような、そういうレベルというのは、まさに『組織開発の探究』の効果性の説明で書かれていたようなレベルになるな、と思いますね。第3段階ぐらいになると、プロ集団という感じになる。

本間　そこまでいくと仲良しだとか、ぬるい関係などではないですね。私たちが留意しないといけないのは、信頼関係を重視することがぬるいとか、切磋琢磨関係を強調することが危険と短絡的に考えることではなく、組織のゴールに合わせて、適切なマネジメントを行うということなんでしょうね。

テーブルの下で起こっていることを意識して見る

本間 あと、「今ここ」[13]というのは、カウンセラーや臨床心理学を学んだ人の多くが大事だと言いますが、先生にとっての「今ここ」というのは、どういう感じと意味を持って使われているんでしょうか。

中村 Tグループの原点ですね。これも本当に人によって解釈が違うのですが、Tグループを体験するとそれがかなり共有できる考え方ではあります。要は、今この瞬間にここで何が起こっているか、というようなことで、それが、何を話しているかじゃなく、どんなふうに感じているか、というのが、「今ここ」。例えば、本間さんが真剣にそのことを考えてくださっているな、というのも「今ここ」だし、僕はなんとか説明したいなと思っている、というのも「今ここ」だったり。

本間 それを、なぜみんなが大切だ、と言うんでしょうか。

中村 例えば、本当に行動に移したりとか、本当の関係性というのは、テーブルの上で語られていることではなく、その下で起こっている、言葉になっていないことなんだ、という想定でしょうか。上司に問われて、口では「はい、やります」と言ったとしても、内心では「そんなことできるわけないじゃん」と思っていたら、行動には移らないかもしれない。また、上司に忖度するような関係だったら、信頼関係は生まれてこないかもしれない。そのように、実際に非常に効果的なパフォーマンスを上げるために、あるいは本当の健全性や信頼関係が生まれるためには、テーブルに上がっている言葉だけじゃなく、テーブルの下にある「今どんなふうに感じているのかな」「どんなふうにコミュニケーションしているかな」というところに働きかけないと、効果性や健全性は上がらない、そういう考え方ですね。

本間 「働きかける」というのは、テーブルの下を意識して見ようとする、ということですか？

中村 そうだと思います。例えば、組織開発の超有名な研究者、エドガー・シャイン[14]がＤＥＣ（デジタル・イクイップメント・コーポレーション）のコンサルタントをしていたときの、昔のエピソードを紹介します。

当時のＤＥＣの役員会にシャインが同席したときのことです。同社の創業者で会長のケン・

13 組織開発における「現在、起こっている出来事に意識を当て、考えていくこと」を重視するという価値観。その淵源は、エドムント・フッサールの現象学に求められる。

14 エドガー・Ｈ・シャイン（Edgar H. Schein, 1928〜）。マサチューセッツ工科大学教授。組織心理学者。組織文化、キャリア論、プロセス・コンサルテーションなどの多数の著作がある。

オルセンが役員に対してわーっと言う。そうすると、他の役員は「わかりました」と言って、あとは何も言えなくなる。

そこで第三者であるシャインが、「ケンが言った後、誰も反対しないね」とか、「ケンは今、怒っているように見えるよ」などと、今ここでテーブルの下に起こっていることを伝える。これが「働きかける」ということです。それをきっかけとして、ケン・オルセンが自分の感情の影響に気づいたり、他の役員が意見を言えるようになる可能性が出てくる。

本間　ああ、わかります。筑波大学の渡辺三枝子先生[15]が僕に教えてくれたのは、人が感情的になるのはしょうがないこと。人は感情的な生き物だから。感情的になるのはいいけど、なぜ感情的になったかだけは振り返っておきなさい。その瞬間こそが、ビジネスやリーダーについては必要である、ということです。20年前のことですが、それは衝撃的でした。そのときの私は、感情的になる自分を抑えなければいけないって思っていたけど、なぜそうなったかを振り返って、その経験がたまると、人に妙なことを言わなくなる。それは、先生が言われた「今ここ」と同じですか?

中村　同じだと思います。たぶん、「今ここ」の一番の原点は感情でしょうね。なぜかと言うと、諸説ありますが、人の影響で最初に起こるのは感情だと。人に何か言われて「カチン」と来て、そのあと理屈を考える。何らかの感情が生まれるのですが、それを自己防衛するためには、頭で論理的に説明したりする。本当は最初に生まれるのは感情で、それに気づくということが、人からどんな影響が与えられているか、そして自分の感情がどんな影響を与えているかということを知る手がかりになるから、感情について洞察することは大事だ、と言われていますね。

対話によって「開放」の領域を広げる

本間　もう一つ教えてください。ジョハリの窓[16]を、いろんな人が使いますよね。1on1で、たまに意識するのはジョハリの窓なんです。あることが当人にとって学習であるということを認識してもらったり、あとはフィードバックですよね。

私は、フィードバックを、中原淳[17]さんが言う「立て直すための技術」としてだけ使うのではなく、その人が見えていない自分の一面を認識してもらうとか、見えている一面も実は強みで

15　本章の「対談Ⅲ」を参照。
16　人と人との関わりからどのように学び成長することができるかを説明するために提案された考え方。1955年夏に米国で行われたTグループで、サンフランシスコ州立大学の心理学者ジョセフ・ルフトとハリ・インガムが発表した「対人関係における気づきの図解モデル」を、後に2人の名前を取って「ジョハリの窓」と呼ぶようになった。
17　中原淳（1975〜）。教育学者で立教大学経営学部教授。「大人の学びを科学する」をテーマに、企業における人材開発・組織開発について研究している。

あると再認識してもらうために活用します。ジョハリの窓の考え方は、使えるなと思って常に意識しているんですが、いかがでしょうか。

中村　基本的にジョハリの窓は、「今ここ」での気持ちや思い、お互いの影響について4つの領域に分けて考えるものですね。「Ⅰ開放」の領域は、私も他者も知っていること。「Ⅱ盲点」の領域は、私は気づいていないけれど、他者は知っているということ。「Ⅲ隠された」領域は、私は知っているけれど、他者は知らないこと。「Ⅳ未知」の領域は、私も他者も知らないこと。

対話によって、「Ⅱ盲点」の領域と「Ⅲ隠された」領域が狭まることで、「Ⅰ開放」の領域が広がります。「Ⅰ開放」の領域が広がることが学びであり、変化であることを示すモデルです。

開放の領域が広ければ広いほど、お互いに信頼でき協働できるという前提があって、その前提からすると、より自分自身の影響に気づいていた方がともに学び合うことができ、チームとしてのパフォーマンスが上がりますよ、というモデルです。中には自分のことなんて知りたくないよ、みたいに言う人もいるかもしれないけど、あなたのために気づいてほしいというより、あなたが影響を及ぼしているチームとかグループの中で、よりお互いに信頼できたり、より透明な関係性になったりということに向けて、自分自身のことに気づいているっていうのは意味がありますよ、ということです。

本間　シャインがケン・オルセンに「あなたが話すとみんな黙るよ」と言ったのも、チームの

図8　ジョハリの窓（2人の窓）

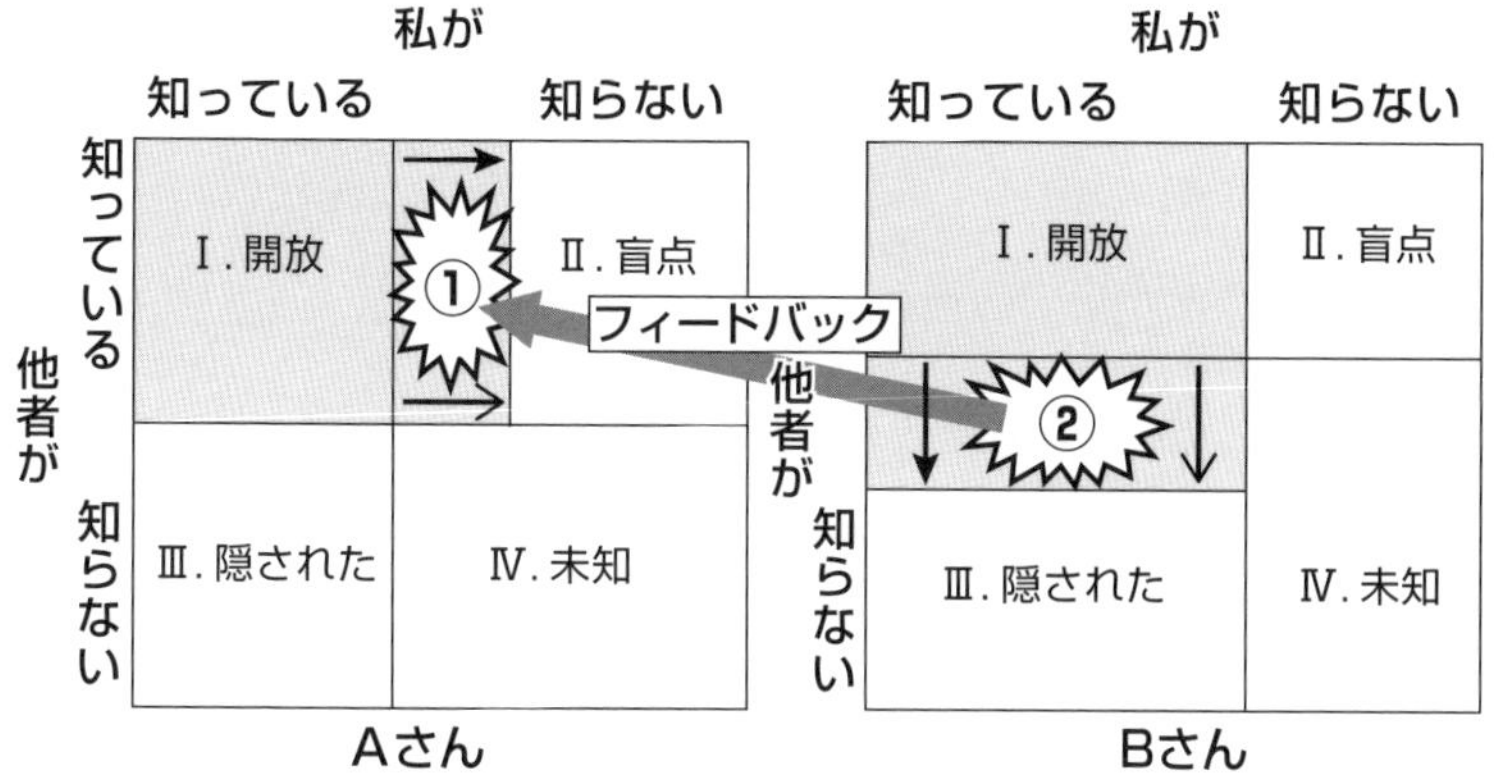

出所：『組織開発の探究』

関係性を良くするという前提に立って開放の領域を広げた、と理解すればいいんですか？

中村　そうですね。さっきの「今ここ」と似ているようなもので、例えば、ケンはいつも怒る。だから何も言えないと他の役員は思っていて、でも普段はこれについて言う人は誰もいない。ところがシャインの働きかけによって、他の役員が、「ケンが怒ることで自分たちは何も言えなくなっているんですよ」と今ここで自分が感じていることを言うことになる（図8の②）。それがその人からケンさんへのフィードバックになって、それがケンさんの気づき（図8の①）につながっていくというのがジョハリの窓。で、最終的に、みんなの開放の領域が広がって、より信頼できる関係になっていく。もう一つは、ともに学べるという大前提がありますね。

本間　それで、ジョハリの窓だけをポンと持ってくるからおかしくなるんですね。

中村　「ジョハリの窓」を一つの窓で説明する人がいますよね。それだと全然、意味がない。グループの中に複数の窓があって、お互いの関わり方の中でともに学び、成長するということがどういうふうに可能なのか、ということを説明したモデルなので。

本間　じゃあ、1on1の中で意識してもいいけれど、本来は1on1なんかで使うものではない?

中村　いえ、1on1でも使えると思います。上司の関わり方とか質問の仕方をどう感じているかということをフィードバックしてもらうとか。そういう相互関係なので。

本間　私が大事にしているのは、上司は部下に期待を話せ、ということなんですよね。ヤフーで社長が宮坂[18]のときに、ある幹部を呼んできて、「私が君に期待していることを3つ言ってみて」と問う。そうしたら3つとも違っていた。でも、会社においては、それがあるんですよね。こういうことが組織の中ですごくたくさん起きていて、それはやっぱりコミュニケーションする場がないからだと思うんです。

中村　それは、ジョハリの窓では、開放の領域が狭いという状況ですよね。

本間　そうですね。で、かつ問題なのは、上司側に、あの人に期待していることって何?というのを言語化できないという状況もある。本来は話さなければならないことが言語化されないという(先生がよく言われる)「認知的ケチ」[19]が起きまくっている状況です。

中村　本当は開放の領域がすごく狭いくせに、わかったつもりになっている人たちは、多いかもしれないですね。本当はお互いのことがわかっていないのに。だから、1週間に1回、30分とかの会話をすることによって、開放の領域を広げている、ということは確実にあると思います。

本間　それでいくと、ヤフーには「ななめ会議」という、半年に1回みんなで集まって上司について続けてほしいことや直してほしいことを白板に書きまくるというのがあるんですけど。

中村　それは完璧に、開放の領域を広げていますね。通常はそれを360度フィードバックといって、数字でやろうとするけど、やっぱり生の言葉って強いですよね。

【対談を終えて】

中村先生との対談を終えて、とても勇気づけられました。私が感覚的に進めてきた1on1をヤフーが置かれている環境や理論をもとに解説していただき「これでいいのだ」と感じることができました。本章の冒頭にふさわしい対談にしていただきました。

18　宮坂学（1967〜）。2012年からヤフー社長を務める。2018年に同社会長を退任し同年より東京都副知事。
19　自分があまり興味のないことに対しては、できるだけ労力をかけずに判断しようとする傾向。心理学で使われる。

特にリーダーシップと1on1との関係や、組織におけるリレーションについての解説は、私のイメージの解像度を何段階も上げていただいたように思います。全般的に、組織開発の視点からの示唆になりますが、関係の質やジョハリの窓については、おそらく国内でもっともわかりやすい解説をいただいたと思っています。

中村先生との対談を読まれて、組織開発に興味を持たれた方は、ぜひ先生の著書を手に取ってください。個人的には『入門　組織開発』（光文社新書）がおすすめです。

対談Ⅱ……経験学習と1on1

強み＝ギフトを引き出すために対話はある

松尾 睦さん

北海道大学大学院経済学研究院教授。小樽商科大学商学部卒業。北海道大学大学院文学研究科（行動科学専攻）修士課程修了。東京工業大学大学院社会理工学研究科（人間行動システム専攻）博士課程修了（博士[学術]）。英国ランカスター大学よりPh.D.（Management Learning）取得。塩野義製薬、東急総合研究所、岡山商科大学助教授、小樽商科大学大学院商学研究科教授、神戸大学大学院経営学研究科教授などを経て2013年より現職。主な著書に『経験からの学習：プロフェッショナルへの成長プロセス』（同文舘出版）、『職場が生きる人が育つ「経験学習」入門』（ダイヤモンド社）、『部下の強みを引き出す　経験学習リーダーシップ』（同）がある。

松尾睦《まこと》先生は、立教大学の中原淳先生とともに、ヤフーの1on1を考える上で多くの関連する理論を教えていただいた、素晴らしい研究者です。お二人から教わった成人学習や経験学習の理論は、私（本間）がヤフーの人事を考える上での柱の一つとなっており、松尾先生には、ヤフーで何度も講演していただきました。また、ヤフーの1on1を論文化していただき、それには英語のもの（海外向け論文）もあります。

最近では、松尾先生が2019年に出された書籍『部下の強みを引き出す 経験学習リーダーシップ』

は、ヤフーの１on１の考え方とも共通点が多く、示唆を与えていただいています。対談では、経験学習と１on１との関係や、強みを活かすことについて、松尾先生の解説をお聞きしています。

いい１on１は「経験学習サイクル」を内包する

本間　デモを見ていただきましたが、いかがだったでしょうか？

松尾　1対1のやりとりの中で「経験学習サイクル[20]」を意識されている、ということがよくわかりました。初めに話すテーマについて、上司が3つ聞きましたね。あれ、なんでこんなに速く話が進んでいくんだろう、と思いましたが、それは「今日は何を話す？」という準備だったんですよね。

本間　そうです。

松尾　すべてを話す時間はない。そこで、「何を話したい？」と聞いて、部下がテーマを選び、さらに「それはどうして？」と聞くんですね。そのように振り返りを促すワードがあって、回答に対して、上司は基本的にポジティブ・フィードバックをしています。「いいね」「へえ」「なるほど」というようなポジティブな反応があると、きっと部下は話しやすくなるのでしょうね。

本間　そうだと思います。ヤフーの１on１は、部下のための時間ですから、傾聴し、ポジテイブにフィードバックすることが原則です。

松尾　加えて、確認ですよね。「ああ、そうなんだ」という。ポイントポイントでそう言ってもらえると、「そうなんだ、と応じたということは、わかってくれているんだな」と安心できます。そして、基本そのペースというか、肯定的な合いの手を挟むことで、考えを促して引き出す。だけど、ただ承認するだけじゃなくて、「どうして？」と聞き返すじゃないですか。それによって、考えがぐっと深まる。「なぜ、そういうことが起こったのだろう？」、みたいな感じでしょうか。

そして、「わかる」と共感を示されることで、部下は話しやすいと思うんです。そして、ところどころで、「丁寧に仕事を進めるよね」とか「それは価値だよね」と部下の「強み」に触れる。これも、いいところだと感じます。経験学習サイクルで言う「教訓化」をするときに、振り返って何が大事なのかというバリューが残ると思うんです。

「何を発見したの？」という問いかけに対する答えは、その時点での教訓ですね。つまり、「経験→振り返り→教訓」と経験学習サイクルを回していって、「応用」のところでも発言を促し

20　米国の教育理論家であるデイビッド・コルブ（注22を参照）が提唱した考え方。人は①「具体的経験」をした後、②その内容を「内省し（振り返り）」、③そこから「教訓」を引き出して、④その教訓を「新しい状況に適用する」ことで学ぶ、というもの（松尾氏により、オリジナルのモデルの用語を修正している）。

ていて、「どう変わる?」「次どうする?」「ゴールは?」と言って、次をイメージさせる。経験学習サイクルの4つのプロセスが、しっかり組み合わさっている。

ただ、「うんうん、わかるわかる」とだけ言っても、それだけでは次のアクションをイメージできない。何がいいのかをしっかり押さえて、そして、最後の方はぐっと教訓化して、リピートして、相手から出てきた発言を、「そこ大事だと思うよ」と言う。多分、自然に使うワードとかモードを決められていると思うので、そういうスキルは1 on 1をどう進めればいいのかわからないマネジャーにとっては、参考になるのではないでしょうか。

本間 なるほど。でも私は、自然とやっています。それは長い間、経験学習とかを勉強して使って、というのがあるからできるのかもしれません。

松尾 そういうことを意識されているということに加えて、マインドが大事だと思うんです。相手にどうなってほしいかというイメージがあり、成長してほしい、という「思い」があるからできることで、それがない人が表層的なスキルだけ真似しても、伝わらないのではないでしょうか。

本間 今、松尾先生に言われて思ったのは、そこなんです。対話というのはスキルでも何でもなく、ただ聞いて、触れるべきところは「何で?」と聞いて、教訓を聞いて、「次どうするの?」というのを回しているだけです。つまり、真似できないようなものではないはずで、いろいろな会社の上司の会話がこう変われば、強みを活かしたリーダーシップができると思いますけど、それができないとすると、問題は何なのか私にはわからない。先生から今日、初めてマインドっていう言葉を聞いて、まあそうなのかもなあ、とは思うのですが。

松尾　コーチングで大事なのは、関係性じゃないですか。スキルばかりではなく、お互いの関係性があって初めて何か言ったときに伝わるんだと思います。デモを聞いていても応援しているなという、期待している感じがあるので、そこから出てきた言葉と、そういうのがなくてただ教科書に出ていることやコーチングの研修を受けてスクリプトを読んで「こうやるのか、真似してみよう」などという魂のない言葉とは違うな、と感じます。

本間　先ほどお話があった、マインドですが、それは教えられるものでしょうか？　部下に「成長してほしい」という「思い」は、どうすれば醸成できるのか、関心があります。

松尾　難しいですよね。部下として来ても「3年経つといなくなっちゃう」とか、「戦力化したのにいなくなっちゃった」とか。「自分の評価につながるから手元に置いておきたい」という気持ちが上司にはあるじゃないですか。だから、マインドを持つ上司は、ここで育ったんだから、次は新しいチームで頑張れ、と思うかもしれないけれど、そういう人は稀でしょう。

私もどちらかというと、そうじゃない方の人間ですが、それじゃいかんなと思ってマインドを醸成して、育成を大事にしたいと思うようになりました。そんな経験からも、必要性を感じれば、マインドをある程度修正はできると思うんです。マインドについて教えられるのかというと、その重要性や、育成の醍醐味ということになるでしょうか。人が成長したとき、純粋に嬉しいと感じ、それをメタ認知[21]（俯瞰力）を使って「この感覚を忘れちゃダメだよ」と自覚することが大事かもしれません。

本間　そういうものかもしれませんね。

松尾　２０１９年に『部下の強みを引き出す　経験学習リーダーシップ』（ダイヤモンド社）という本を刊行しましたが、育て上手のマネジャーへのヒアリングをベースにしています。多くの育て上手の方に話を聞きながら書いたのですが、感動の連続だったのです。それは、私がそこで学んでいるからです。

育て上手ではない人の気持ちがわかるから、そういう本が書けたのではないかと思うんですよね。あまりできてしまうと当たり前すぎて、なかなか相手の優れている点がわからないのかもしれません。僕は自分と比較しながら、凄さを感じるわけです。何人かの方は途中から変化していたので、マインドが変わる人がいるということは、ヒアリングを通して実感することができました。

伝統的徒弟制と認知的徒弟制

松尾　私は最近、認知的徒弟制に関する研究を始めたんです。

本間　認知的徒弟制とは何ですか？

松尾　昔からの徒弟制度は伝統的徒弟制と言われますが、それに対して認知的徒弟制というのがあって、その2つには違いがあります。どういうことかというと、伝統的徒弟制というのは身体的なスキル、例えば靴の作り方などの職人的な技術の伝承で使われます。

しかし、今のビジネスは、かなり抽象的になっています。戦略策定とか組織づくりとか。そうした抽象的な話をするときには、伝統的徒弟制だけでは対応しきれなくて、自分の考えていることをしっかり言語化させる「アーティキュレーション」、自分と他者を比較しながら評価することを促す「リフレクション」を行い、さらに新しく自分の力で探索させる「エクスポラレーション」と呼ばれる指導が必要になります。

21　米国の心理学者ジョン・H・フラベル（John H. Flavell, 1928〜）が定義した心理学用語。自らの認知（考える・感じる・記憶する・判断するなど）を認知すること。自分自身を超越した場所から客観的に見ることに加えて、自分自身をコントロールでき、冷静な判断や行動ができる能力までを含めて、メタ認知能力と呼ばれる。

こうした一連の教育的行為を行うのが認知的徒弟制で、1on1にはその要素が入っているな、と思っています。伝統的な徒弟制はモデリングが中心なんですよ。こうやるんだよとやってみせて、その後フェイディングといって、だんだん引いていきながら、自分の関与を少なくする指導です。

本間　なるほど、やり方を見せて、引いていくんですね。

松尾　はい、モデリングで見せてあげて、そして指導をして、スキャフォールディングというのがあるんですけど、足場づくりという意味です。足場をつくって「じゃあ、こういうのやってみたら」と言って、自分は引くんです。それが伝統的徒弟制ですが、認知的徒弟制の場合、そうした指導にプラスアルファがあります。例えばコンサルティングのような抽象的なことを教えるには、見ているだけではわからないじゃないですか。観察不可能なものは、言語化して振り返っていく。で、やらせるわけです。

ある意味、それは難しいんですよね。本間さんは勉強もしていて、センスもあると思うんですが、逆に言うと、普通のマネジャーがそれを真似ようと思ったら、まずモデリングしてもらわなければならない。見せていただいた1on1のスクリプトは、モデルになっているんです。モデルを見せて、ポイントはこうなんだよ、と教えてあげて、その後、例えばロールプレイングをやって、言語化する。「1on1やってみてどうだった?」というような問いかけをして、

「いや、なかなか承認が難しいです」とか「会話が止まってしまった」などと振り返りの言葉が出る。そして、リフレクションによって熟練者と比較して、例えば本間さんの1on1と比較したら、「ちょっとここが違うな」とかわかる。そして、「じゃあ次はこんなふうにやってみます」というエクスポラレーションにつなげるわけです。

本間 先生はなぜ認知的徒弟制にフォーカスが行ったんですか？

松尾 私の研究室で、心臓外科のお医者さんが学んでいるんですが、外科医が新人を教えるときは、認知的徒弟制なんです。そのモデルは医療の分野でも使われています。医師の治療は、見ているだけではわからない。これはこういうふうにやるんだとか、ケアだとか、術後の管理だとか、治療方針とか、手術のストラテジーとか。今、そうした論文を読んでいるんですが、これが面白いんですよ。

本間 面白いですね。僕らは「コルブ[22]のモデル」ぐらいしか知らないけど、教えて引くとか足場をつくるとか、キーワードはいっぱいそういうところにあるんですか。

松尾 あるんですよ。あまり広まってないんですけど、コンピュータやウェブ上のプログラムを使って認知的徒弟制の指導を進めるというのが。例えば教師養成や、企業研修にも導入され

22 デイビッド・コルブ（David Kolb, 1939～）。米国の教育理論家。経験学習モデルを提唱。

ていますね。以前、アニメを使った動画を見せ、そのあとで実際にロールプレイングで指導して、という研修に関わったことがあります。

個人的には、そういうものは、あまり好きじゃなくて、「そんな必要あるのかな」と思っていました。でも最近、認知的徒弟制を調べていくと「やっぱりモデルは必要だな」と考えを改めました。

認知的徒弟制の論文を読んでいても、モデルがあるのとないのとでは大きく違うので、「まず、こうやるんだよ」とモデルを示し、そのときに「注意点はここだよ」と言ってあげて、「やってどうだった?」と聞いてリフレクションを促す。それをコンピュータ上でやるんですよ。

例えば、ソフトウェアにアクセスすると「まずビデオを見ます」とモデルを見せて「どうでしたか?」と聞き、「質問がある人は?」と投げかけをして、ウェブを通してエキスパートが答えたりします。そのようなやりとりがあって、「実際にやってみましょう」といってやってみる。そのあとに「振り返ってみましょう」「どう思いましたか?」と聞いていく。

このとき、アーティキュレーションという言語化の指導、今起こっていることを言葉にしていくというのがすごく大事で、それによって振り返りが可能になります。だから、優れた1on1は、無意識かもしれませんが認知的徒弟制に沿った指導になっていると思います。

本間　無意識にね。

松尾　僕の研究室で博士論文を書いている心臓外科の先生は、一流の外科医になった人に、自分が医者になって最初の2年間、次の3年間、それ以降の5年間で、指導医を思い出してもらって、どういう指導を受けたかをインタビューしています。成長の過程をトレースすると、認知的徒弟制にぴったり当てはまる。初めは全体を見せる。そして、だんだん複雑性を上げていく。論文を読む前でしたが、実際にそうなっているんです。

「強み」を活かすか、「弱み」を直すか

本間　今日、松尾先生に一番聞きたいと思っているのは、人の「弱み」より「強み」に特化した方がいいとお考えになったのは、イデオロギーというか理念というか、経営学者としての思想のようなものがあるのではないか、ということなんです。

松尾　昔から「強み」ということを意識していたわけではありません。研究を進めていくうちに、途中から興味が湧いてきたというのが、本当のところです。継続的に探究していたのは、「教え上手・育て上手」と言われる人の指導なのですが、もともとは、「人は勝手に育つものだろ」と思っていた時期もあります。そういう意味では、「人を育てるためにはここまでやらなきゃならないのか」という現場マネジャーの疑問は理解できるんです。それでも、育て上手の

研究をなぜ捨てられなかったかというと、ドラッカー[23]の影響なのかもしれません。『マネジメント』や『非営利組織の経営』という本で講読授業をやったことがあるのですが、人の「強み」のことをすごく強調しているんです。それが頭に残っていました。『マネジメント』の中には、「成果への意欲を培うためには、一人ひとりに強みを存分に発揮させる必要がある。人材の弱みではなく、あくまでも強みに力点を置かなければならない」という一節があります。

そして研究を進めるうちに、これにはもっと大きな意味があるのではないか、と思うようになりました。もう少しマネジメント自体に関わる問題なのではないか、ということです。

本間　私が「強み」のリーダーシップが大好きなのは、一つはそっちの方が効率的である、ということです。得意な領域、好きな領域をやる方が、いい成果が出る。

もう一つは、日本の人事は、Aクラスの人材をSクラスに上げることを、育成の主眼と考える傾向があると思うんですが、本来の価値は、DランクとかEランクとか、そういう人をどうBなりCなりに変えていくか、というところにある。それが人事の醍醐味ではないかと思うんです。DとかEの人たちの育成を考えると、弱点を直したって大きく変わるわけではない。そもそも当人にとって、そんな努力は苦痛でしょう。しかも、DからCに上がったところで、さほど評価してもらえないはずです。だとしたら、「弱み」に着目するのではなく、「強み」、つまりいいところを見つけて、突き抜けて、先生の著書にある「強み」が「弱み」を補完するみたいなことをつくらなければいけないな、と思うんですが。

松尾　おっしゃる通りだと思いますね。まず、そっちのアプローチの方が成果が出やすいでしょう。それを日本人のマインドセットとか文化が、邪魔をしているのではないかと、お話を聞きながら思いました。なぜ「強み」をやろうと思ったのか、と聞かれましたけど、僕はキリスト教信者なんですよね。いろいろ自分の中であって途中から、30代後半ぐらいでなったんです。

本間　聖書を一生懸命読まれた時代がありましたよね。

松尾　はい。今でも細々と読んでいますが、キリスト教では「賜物」という言葉があります。神様からもらったもの、ということでギフトのことです。このギフトを使いなさい、ということがキリスト教では重視されます。ルターの天職じゃないですけど、ウェーバーの『プロテスタンティズムと資本主義の精神』[24]でも強調されていますね。聖書の中に出てくるエピソードですが、主人（神様）が僕（しもべ）に、お金（タラント）をあげて、これを活用しろと言う。5タラントもらった人が10タラントに増やすと、「良い僕だ」と褒められた。2タラントもらった人も増やしたので褒められるんですけど、一人だけ、「あなたは厳しい人なので、下手なこ

23　ピーター・ドラッカー（Peter F. Drucker, 1909～2005）。オーストリア・ウィーン生まれのユダヤ系米国人経営学者。
24　ドイツの社会学者マックス・ウェーバー（Max Weber, 1864～1920）によって1904～5年に著された論文。プロテスタントの世俗内禁欲が資本主義の「精神」に適合性を持っていたという、逆説的な論理を提出し、近代資本主義の成立を論じた。

とをしたら罰せられるから地中に隠しておきました」という人がいる。そして、もらった1タラントをそのまま返すんですけど、「悪い僕だ」と神様は怒るわけです。そのメッセージは、神様から与えてもらったものは活用しなさい、ということなんです。

本間　いい話ですね。

松尾　この話が私の頭の中に強烈にありました。聖書で言われているのは、まさに「強み」のことです。「強み」を活かすというのは、人として生まれたからにはそれを活かさなければいけない、という使命なんですよね。ミッションです。

本間　才能のある人のことを「ギフテッド」といいますが、そういうことなんですね。

松尾　この間、まさに『ギフテッド』[25]というタイトルの映画を見ました。天才的な才能を持った女性数学者がいるんですけど、自殺してしまう。その女性には生まれたばかりの娘がいて、それが叔父さん、つまり死んだ女性の弟が引き取るんですが、7歳で数学の天才だとわかる。でも、その叔父さんは普通に人間らしさを持たせて育てたい。そこへお婆ちゃんが急に出てきて、「この子は天才だから」と、隔離して英才教育をしようとする。私は、その映画を見るまでは、「強みは無条件で伸ばすべきだろう」と思っていたのですが、そう簡単な問題じゃないな、とも感じました。要は、強みの育て方であると思うのです。

結局、その子は近所の子たちと交わりながら人間性、社会性を持って、かつ大学の英才教育も受けていく。自殺したお母さんは、その母親である前出のお婆ちゃんに、ギシギシ英才教育をやらされたんです。勉強ばかりだから社会性がなくて、世界の難問とかも解いていたんだけど、死んじゃうんです。だから、「強み」だけ伸ばしさえすればいい、というものではない。「強み」を活かして社会に役立てなければいけない。

そこで西田幾多郎[26]ですよ。『善の研究』の中で西田は、「他人に模倣のできない自分の特色」、つまり「強み」を「個人性」と呼んでいます。この個人性と社会性を両立させるということが大事で、人が持って生まれた個性を社会に役立てて初めて「善」になるというわけです。先ほどの映画の社会性とはちょっと違いますが、「強み」が社会とつながることで「幸せ」が生まれるのでしょう。

本間　「強み」は育て方だというのは、すごいですね。でも、それはよくわかります。

松尾　本間さんの言うDクラス、Eクラスの人もギフトを持っているはずなんです。それを活かすというのは、とても大事なことだと思います。

25　2017年に公開された米国の映画。監督はマーク・ウェブ。
26　西田幾多郎（1870〜1945）。哲学者。主著『善の研究』は、東洋の伝統を踏まえ、西洋的思考の枠組み自体をも考察対象とした名著と言われる。

「思い」と「つながり」で仕事は変わる

本間　それがキリスト教の考え方だとすると、企業をつくっていくときにそういう方法論でつくっていく人もいれば、そうじゃない人もいます。なんで日本人は、「弱み」を直そうとばかりするのだと思われますか？

松尾　『経験学習リーダーシップ』では「恥の文化[27]だから」と書きました。日本人は「こんなこともできないのは恥ずかしいなどと言って、バランス型にするじゃないですか。人とうまくやっていくとか、それを重視するでしょう、恥ずかしくないようにと。そういう子どもに育ってほしい、と。どこかに弱点があると、それによって人様にいろいろ言われてしまったりする。だけど、「弱みが多少あってもいいじゃない、もっと強いところを伸ばそうよ」というふうには、あまりならないですよね。

本間　ならないですね。私たちのもう一つの救いは、ビジネスは集団競技なので、ある人の弱みを他の誰かが補ってくれればいいんですよね。じゃあ弱点を補強しなくていいのかというと、程度の問題ではありますが。私たちはチームなので、弱いところは補えばいいし、組織のリーダーは各自の強みを伸ばしつつ、ハーモニーを奏でるようにすべきだ、というのが私の基本的な考えです。

松尾 論文で近いことを言っている人がいましたね。補完関係があれば、いろいろな人がいても一つのチームになるので、本来は良さそうなものですよね。チームワークを重視するのが日本企業の特質であるはずなのに。

本間 全部できないといけないとか、平均値を意識しすぎたりする。

松尾 若干、話が逸れますが、人事コンサルの人と話していて、彼は「日本企業ってトラを採らないよね」と言うんです。トラとは、本当の変革型リーダーの素質を持った人材のことです。そういうタイプは、面接でだいたい落ちてしまう。なぜならそれは、無礼だったり、弱みが出てしまって、そこで落とされる。だから平均型、バランス型が一番採用されるじゃないですか。突出した強み、才能を持った人って、なかなか芽が出ない。叩かれがちです。

本間 その通りです。「とがった人を採れ」と言う割には、「あのようなタイプは途中で退職する」とか、「チームで仕事ができない」とか言って採用しない。人事あるあるなのかもしれません。

27 米国の文化人類学者、ルース・ベネディクト(Ruth Benedict, 1887~1948)が著書『菊と刀』(*The Chrysanthemum and the Sword*)(1946)の中で使った用語。他者の内的感情や思惑と自己の体面とを重視する行動様式によって特徴づけられる文化を指し、この行動様式が日本人の文化を特色づけているとする。

ところで1on1に話を戻すと、私は先生が言われる「思い」と「つながり」と「エンゲージメント」[28]というのが、これまでの既存のコルブのモデルにはない要素だと思っています。実は「思い」とか「つながり」というのは、すごく1on1に合っているなと思うのは、「どうするの？」とか「どういう気持ちがある？」などというのは、実のところ「思い」を聞いているわけです。

先生は『経験学習リーダーシップ』の中で、シュレッダーのエピソードを書かれていますね。大手建設会社に入社した若手が、配属された部署で書類をシュレッダーにかけて裁断するという仕事を命じられる。単純作業の極みです。朝から晩までシュレッダー作業をするうちに、会社を辞めることも頭をよぎります。でも、「この仕事にはどういう意味があるのか」と考えるうちに、シュレッダーにかける書類というのは、そのまま捨てて外部に流出すると問題になるような重要文書であることに気づく。それから彼は、裁断する前に文書に目を通すことにし、会社の現状を把握するなど多くのことを学ぶ。そうした姿勢で周囲からの評価が高まり、より挑戦的な仕事を任されるようになる、というものです。

先生の考えとは違う解釈かもしれませんが、これは、作業に意味づけをして、それが経営理念とどう「つながる」とか、自分自身の将来にどう「つながる」か、を考えた結果とも言える。さまざまな「つながり」によって、自分の仕事の質も変わっていくというのが印象的でした。

そこで、2つお聞きしたいのですが、まず「思い」と「つながり」と「エンジョイメント」という言葉がどうして先生から出てきたのか、ということ。そして、1on1でこれらを意識するだけで、「つながり」を増やすとか、「お前はそういうふうに考えてるけど、実はこんなに変わるんだぞ」とか、その辺に関わってくるんじゃないかと思ったんですけど、いかがでしょうか？

松尾　『「経験学習」入門』を企画していて、どういう本にしようかと考えたときに、経験から学ぶ力について書きたかったのですが、難しかったんです。定量調査とかできっちりうまく出てこない。そのとき編集者の方が、「モデルをつくったらいいじゃないですか」と言ってくれました。ではやってみようと考えて、優れた方たちにたくさんインタビューして、質的な研究でモデルをつくろうとしました。

初めはストレッチ、リフレクション、エンジョイメントだけだったんです。でも、それをドライブしているのは何だろう、と思ったときに、パーソナルなファクターと、シチュエーショナルなファクターというかソーシャルなファクターが大事だと思ったんですよね。途中で浮か

28　人材の成長過程で、徐々に仕事への「思い」が養われ、他者との「つながり」が形成されていく。この「思い」と「つながり」が「ストレッチ、リフレクション、エンジョイメント」という経験から学ぶ力を高める原動力となる、という考え方。松尾睦氏が著書『「経験学習」入門』で示した。

び上がってきた感があったんです。グラウンデット・セオリー・アプローチ[29]という分析方法を用いたんですが、質的にカテゴリーが出てきて、あのモデルに集約するまでには、結構違うモデルがあったんです。その中で一番腑に落ちたのがあの本のモデルです。それでインタビューした人たちが言っていることが説明できるんじゃないかな、と。研究の中でも目標志向性とかミッションとかが行動をドライブしますよね。ミッションとかバリューとか。

それと、つながりは職場内のネットワークとかいろいろありますが、「このように出てきた」というシンプルな答えはないですけど、いろいろやってフィットしたのがあのモデルでした。あとで研究的に見てみても、整合性がつく。

出版した後に、検証したんですよ、しつこく。ガチガチな学術研究をしまくったら、ほぼ合っているということがわかりました。1on1も、経験学習サイクルを回すだけではダメなんですよね。「どうなりたい」「どうありたい」みたいなところと、「つながり」を意識させるということが必要でしょう。1on1をやっている人との関係性もそうだし、職場の人との関係も大切です。リソースにもなるし、仕事って一人じゃできないですしね。みんなで協力しながら達成していくということですから。

本間　そこが面白いと思うんです。たまに、「思い」が希薄な者もいる。あるとき、58歳、もうあと2年大過なく過ごすことが第一で、仕事に熱が入らない社員に、「つながりを意識してもらうと良いかもね」という話になったことがあります。若手を教えるとか、誰のためにやるとか、そこを意識してもらおう、と。その社員の場合は、うまくいきました。社員にとっても組織にとっても良かった。

松尾　育て上手の方がおっしゃっていましたが、どんな人にでも火種はあるんだ、ということですね。「思い」がなさそうな、志がなさそうな、もう消えちゃったような人も、扇げばろうそくぐらいの火にはなる。もっと扇げば燃えていくんじゃないか、と。若手でもそうですよね。「思い」をどう喚起させるか、ということは、『経験学習リーダーシップ』では書ききれていないのですが、成長を重視する「学習志向」が大事だと思っていて、それをどうやって高めるのか。それが次の研究の課題です。それは「思い」をどう醸成するか、ということにも関わってきます。

これまでの研究からわかっていることは、リーダーに影響されている、という点です。上司の「思い」がぐっと伝わる、みたいな。そういう意味では関係性＝「つながり」というのは大

29　Grounded Theory（GT）とは、社会学者のバーニー・グレイザー（Barney G. Glaser, 1930～）とアンセルム・L.Strauss, 1916～1996）によって提唱された、質的な社会調査の一つの手法で、米国の看護学において定着した。インタビューや観察などから得られた結果をまず文章化し、特徴的な単語などをコード化しデータをつくる。その上で、コードを分類し分析して仮説や理論を構築することを目指すもの。

事だし、あとは職場全体の実践も「つながり」です。ご指摘の通り、「つながり」の中から「思い」が醸成されて、その「思い」が、またいい「つながり」を生み出すというような連鎖になります。そのようなことが、本間さんが指摘された日本企業の「強み」だったはずで、その点が弱くなってしまっているから、なんとかしてそれをもう一度取り戻さなければまずいと思うんです。

上司と部下の信頼関係をつくるための1on1

本間　これは私の弱点なんですけど、私は評価のために頑張ったことがないんです。例えば、評価を上げるために徹夜した記憶は一度もない。何があるかと言えば「つながり」か「思い」なんです。俺はあいつと一緒にやってる、とか。

看護師などもそうだと思いますが、看護という仕事が好きだというだけではなく、目の前につらそうな人がいるから頑張っちゃう、みたいなことからいくと、そこには「つながり」がすごく感じられるし、あとは「思い」。この状況をなんとかしたい、とか。そして、エンジョイメントですね、これをやっているのが楽しいとか。

「強み」が活かされている瞬間と、誰かのために仕事をしている瞬間、意味と意義、それぐらいしかなくて。そのあたりの働くモチベーションはほとんど評価の対象にならず、日本の人事が、金で評価をつければ人は頑張るだろう、と考えることが、私には不思議です。

松尾　僕はちょっと逆で、40代半ばで「成長が止まっちゃった感」があったのですが、それは「つながり」を軽視していたからです。自覚があるのですが、邪《よこしま》な「思い」があった。業績志向と学習志向という2タイプの思いがあるのですが、業績志向は他人に褒められたいという欲求で、これが強かった。

今の海外の学会ではインパクトファクターといって、有名なジャーナルが偏差値化されていて、そこにいかに論文を載せるかという「点とり競争」が行われているのですが、当時は、それればっかり考えていたんです。だから、大事な人とつながっていない。自分が止まってしまっているのは、これか、と思いました。

本間　なるほどね。私の場合は、イデオロギーというか哲学かもしれない。もちろん、お金は大切だよ、と言うし、わかるけど、実感としては少し違う。お金が働く上でのインセンティブのすべてたり得るかというと、そんなことはない。

松尾　『看護のなかの死』（寺本松野著、日本看護協会出版会）という本があるんですが、著者である看護師さんはいろんな死を見てきて、金持ちが幸せな死を迎えるかというと必ずしもそうではなく、「つながっている人に囲まれて死ぬのが幸せなんだ」と言っています。

本間　それは高い評価より「つながり」が大事である、ということを示唆していますね。上司と部下で行う1on1で言うと、「つながり」は信頼関係と置き換えてもいいような気がしています。『ヤフーの1on1』を書き始めたときに、いい1on1のためには信頼関係が必要だ、と言っていたのですが、信頼関係がないと1on1が成立しないのではなく、上司と部下の信頼関係をつくるために1on1をやる、でもいいかな、と思うんです。

「1on1って何？」と聞かれたら、経験学習ぐらいは知っていないといけないけれど、最小限、上司と部下が信頼関係を築くために1週間に1回ちゃんと話そう、ぐらいでいいんじゃないかと思い始めています。なぜかというと、1on1をやっていて「本間さんだから話すんだけど」と言ってくれる人がいる。「実は会社を辞めようと思っている」とか、「あの組織の問題はこうだから」とか。上司の耳に入ってこないようなことです。そうすると、最後は「本間さんだから言うけど」と言ってくれる関係値だとか、「実は今の給料満足してないんです」「こんな仕事がしたいんです」などという、本音ベースの話ができる、基本的な信頼関係になるかもしれません。そういう関係をつくるために1on1をやる。

だから、変えなければいけないな、と思っているのは、以前は、1on1の頻度というのは部下の望む範囲でいい、と言っていましたが、これを一切やめて、1週間に1回必ずやれ、と。その代わり30分なくてもいい、仮にキャンセルになったら翌日5分でも話せ、と。なぜならば

1on1のゴールというのは、上司部下の信頼関係をつくるためにあるからです。それぐらい、今の世の中は変わっているし、難しいことになっている。

今の先生の「つながり」の話から言うと、上司と部下の人間関係、そして部下と周りの組織との人間関係をメンテナンスするために、話を聞いたり調整したりするだけの1on1でも十分にオッケーなのかもしれない、と思い始めているんです。

松尾　そうですよね。ヤフーさんでは1on1をやったらメンタルダウンする人の比率が下がった、と言っていましたね。それはため込まずに吐き出せるようになったからでしょう。だから、僕は今のアイデアはいいと思います。

1on1って結構ハードルが高くて、スキルアップしてから臨まなければいけないとか、作法みたいなことをたくさん勉強して、カチカチになってやる人が多いかもしれない。傾聴は大事だけど、難しいことは言わずに、お互いに話してみる。仕事の話じゃなくても、お互いに知り合う、わかり合うのが一番のベースかな、と思います。

本間　信頼関係ができていないとね。昔は終身雇用だし、人間関係もベタベタしていたから、好きだろうと嫌いだろうと信用・信頼関係はできていたけれど、今はそれさえもなくなった、と変わってきたんでしょう。

【対談を終えて】

松尾先生から感じるのは研究者としてのスタンスです。ご自身の関心をベースとして、文献を当たり理解を深めていく、その対象は経営学や理論に留まらず、聖書にまで広がっていきます。研究者は「巨人の肩に乗る」という言い方をしますが、過去の偉人たちの理論に敬意を払い、独自の理論（持論）と統合させていくというやり方は、現場にいる我々にも示唆を与えてくれると思います。

蛇足ながら、対談に登場する「心臓外科のお医者さん」は、私のＭＢＡ時代の同級生のことです。先ほど、過去の偉人と書きましたが、松尾先生は学生からも学んでいる。１ｏｎ１の場であろうと、そうでなかろうと、私たちはもっと広く、真摯に学んでいきたいと感じました。

その松尾先生との対談の私の一つのテーマは、「強みを活かす１ｏｎ１」でした。日本人は弱みを直すことに関心が向きがちですが、もっと強みを活かした方がよいのではないか。その答えを松尾先生は示してくれました。個人的には、対談に出てくるギフトの話が好きで、対談のあと、多くの場でこの話を紹介しています。

対談Ⅲ……カウンセリングと1on1

対話とは、互いの言葉を通して「新たな何か」が生まれてくるもの

渡辺三枝子さん

筑波大学名誉教授。岐阜県出身。上智大学外国語学部フランス語学科卒。米国ボストン大学大学院修士課程修了、ペンシルバニア州立大学大学院博士課程（カウンセリング心理学・カウンセラー教育）修了、Ph.D.取得。日本労働研究所研修機構主任研究員、1990年明治学院大学教授、1998年筑波大学教授、2006年定年退任し名誉教授。専門はカウンセリング心理学、職業心理学。主な著書に『キャリア教育　自立していく子どもたち』（東京書籍）、『新版 キャリアの心理学 働く人の理解〈キャリア支援への発達的アプローチ〉』（ナカニシヤ出版）、『カウンセリング心理学　変動する社会とカウンセラー』（同）など。

渡辺三枝子先生は、私（本間）にとって恩師を超えた特別な存在です。渡辺ゼミに所属した2002年から2004年は、公私ともに混乱していた時期で、よくこんな大変な時期に社会人大学院に通ったなと思う一方、こういう時期だからこそ、自分の経験を整理するという意味で、アカデミズムは助けになったのではないかという気もしています。

このように私にとって貴重な時期に、さまざまな示唆を与えてくれたのが渡辺先生で、先生は気さくに「またおしゃべりしましょう」と言ってくれるのですが、恐れ多くて、お会いすることをためらって

いました。

告白しますが、この本をつくろうと思った一つの理由は、渡辺先生とお会いして、20年前と同じように、また、示唆をもらいたいと感じたことにあります。そのため、渡辺先生との対談だけは2回実施し、時間も長時間にわたります。加えて、あまりに私が緊張しすぎて、私が長々と話をするという展開になっていることを白状しておきます。

「自分の成果を問われているんじゃないか?」という疑心暗鬼を避けるには

本間　なぜ、1on1のような対話の時間を職場に持ち込もうとするかというと、職場のコミュニケーションが困難になってきているからです。中でも、特に上司と部下との間で深刻になってきています。理由の一つはコミュニケーションスキルの欠如。今はメールとか携帯電話のコミュニケーションなので、対面での話が、実はできないんですよね。2つ目は自分の席が指定されていないこと。つまり、フリーアドレスの会社が多いので、昔の職場のように決まった席で、いつものメンバーが横にいる、ということが少なくなりました。この傾向は、近年の「働き方改革」によってさらに加速しています。

そのような背景から、上司と部下との関係がどんどん希薄になっている状況がある。だから、こういうオフィシャルな機会を週に一回30分くらいは取ろう、というふうにしています。その中で、私が留意していることがいくつかあって、一つは「最近どう?」というような、できるだけオープンでニュートラルな質問をするようにしていること。具体的に聞くと、その質問にしか答えないと思うからです。

渡辺 それはそうですね。イエスかノーかみたいなことですね。

本間 はい。「A社の仕事どう?」って聞いたら、A社のことを答えなければならない。上司と部下なのですが、できるだけ上下関係を出したくなくて、率直に相手が今、考えていることを聞きたいし、フリーにしゃべってもらいたい、というのが一つあります。2つ目は、渡辺先生に教わったことですが、「教えて!」という聞き方をします。本当は、事細かに現状を教えてほしいわけではなくて、その状況を相手の中でイキイキと思い浮かべてほしい、という意図です。

ただ、これが難しくて、上司が「教えて!」ばかりになると、今度は詰問しているみたいになる。そしてやっかいなことに、部下思いであればあるほど「教えて、どうしたの? それはどこ? 誰なの?」ってなるんですけど、そこを止めなきゃいけない。

渡辺 相手にしてみれば、評価されるのでは?ということですよね。だから善意というのか、助けようと思ったことが、実は聞かれている方にしてみると自分の成果を問われているんじゃないか、という疑心暗鬼にもなりかねない難しい立場ですね。

本間　気を使うところはそこです。なかなか上手にできなくて、やっぱり評価みたいになっちゃったり、指示や、しまいには詰問になったり。私が理想とする１ｏｎ１は、相手の行動計画を引き出して、それを見守るということ。だから「何か私が手伝えることある？」と聞くのは、１ｏｎ１で話したことにコミットしてもらうという意図と、部下のやりたいことをサポートするという関係性をつくりにいく、というところもあります。

渡辺　関係性をつくるのと、上司の本音としては、どのへんまで仕事が進んでいるのかという確認と両方ですよね。でもそれは相手もわかっていますよね。

本間　そうなりますよね。半々でしょうね。

渡辺　面談のデモを見ている感じですと、評価されているとまでいかなくて、助けてくれようとしてると感じていそうには見えましたが、やっぱり進捗をチェックされている気持ちもあるんじゃないかなと、私には見えてしまいます。聞かれている方は、難しいお立場だなっていうのが私の感想ですね。

本間　なるほど。確かにそこが難しいところです。先ほどの「最近どう？」って、あえて具体的な仕事について聞かない、という話に戻すと、実は聞く方にとっては勇気のいる質問で、聞かれた方からすると「どう、って何ですか？」みたいな反応もあり得るんです。これは先生、どうお考えですか？

渡辺　私は最初にそれを思いました。「最近どう？」ってもしも私が問われたら、もう評価されているのかなと。ただ、日頃からよくいろいろと話をしているという関係であり、その流れの中で「最近どう？」ということなら受け取れると思うんです。でも上司と部下ですから、「最近どう？」って言われると、業績を確認されたように最初はパッと思いましたよ。

本間　このあたり、すごく難しいんですよね。

渡辺　上司と部下っていうのはどうしても、上司にそのつもりがなくても、下の立場にいる人からするとチェックされているように感じてしまう。成果が上がっていなければいないほど話はしづらいし、いいことがあっても「こんなにうまくいってます」とはなかなか言えないものだと思います。

ドアから入ってくる姿から見る

本間　「最近どう？」から始める意図としてもう一つ。部下は、たぶん１ｏｎ１の前日ぐらいから頭の中で、明日はどんな話をしようかって考え出すと思っています。それが一つの学習プロセスに通じているのでは、と。

渡辺　悪いことではないですよね、振り返るいいチャンス。

本間　カウンセリングって、そういうところありますか？

渡辺　あります。それがルーティン化しているとしたら、問われる側も答え方について、期待されているものは何かって考えるかもしれない。１on１が一つの制度のようになっていると、報告するチャンスですから、部下としては、何か用意しておかねばならないっていうお気持ちにはならないでしょうか？　それを考えることは悪いことじゃないですね。１週間何をしてたかな、と振り返ることになりますから。でも、意図していることと違う反応は起きるかもしれない。

本間　評価を気にして、何て言えば期待に応えられるかを前日から考える可能性はあります。準備するのはいいですが、上司は何て言ったら喜ぶかな、みたいなことだとすると、あまり意味がなくなるかもしれないですね。

　私にとってのジレンマですが、大学院でカウンセリングは家族とか、親しい間柄ではできないと教えてもらいました。でも、１on１は上司と部下とが行う対話です。

渡辺　そこは、組織としては仕方がない。乗り越えなきゃいけないところですよね。だから逆に今おっしゃったように、聞かれることを準備するいいチャンスにもなるわけです、１週間を振り返るっていう意味でも。そこがポイントだと私は思います。

仕事に行っていろいろ努力をしているけれども、まめに振り返って話す機会もなく、例えばひと月分をまとめて話せって言われたら、内容はとても抽象的になっていくと思うんです。それが毎週だったら意外と具体的に思い起こせるから、それが目的だということが念頭にあればいいんじゃないでしょうか。

でも、一つ間違えると、問われる側も習慣化して、評価を気にした発言に傾いていく恐れはやはり残ると思うんです。だから、そこは関係性が重要なんでしょうね。

本間　この場が、いろいろモヤモヤしてるな、困ったな、みたいなことが解消されていく場だということに気づいてくると……。

渡辺　そうそう、そこが重要だと思います。うまく進んでいないところとか、上司だったらどうするかとか、逆に問えるぐらいのチャンスになれば意味がありますよね。

本間　早い段階からそういう関係性がつくれる人と、いつまで経ってもつくれない人がいて、それはどこが違うのかなって、いつも思うんですけどね。

渡辺　それがカギだと思ってるんです。どういう人なんでしょうね、正直になれるというのは。そこまで話すつもりはなかったんだけど、結果的に話しちゃった場合がある。そこは関係性だろうと思います、特に上司の場合は。

本間　そうですね。カウンセリングでもそうなんじゃないですか、だって第三者が質問するわけですから。

渡辺　もちろんそうです。どっちかが上になってるときっていうのは、そういうことが起こります。だから、カウンセリングの場合だったら、ドアを開けて入ってくる姿から見ます。

本間　なるほど。

渡辺　緊張して入ってきてるなとか、そういう意味でね。時間が来たからカウンセラーのところに行く、という習慣はできているけど、人間だからおどおど入ってくるときもあれば、「遅れてすいません」って飛び込んでくるときもあるし、いろいろだから。

本間　いろいろというのは、同じ人でも来るたびに違うということですね？

渡辺　はい。違うということを私たちカウンセラーはかなり学んでいます。

本間　それによって対応を変えるんですか？

渡辺　対応を変えるというより、そのときどきで感じたことを伝えるということでしょうか。正しいことを言わなきゃいけないわけではないと思うんです。だって人間なんかわかりませんから。

これは精神科医から習ったことですけど、「あれ、あなた今日は急いで入ってきてくれたね」とか「なんかあんまり顔色よくないけど大丈夫？」とか「他に仕事あったんだったら後でいいよ」とか、何か気遣うようなしぐさで対応することで、相手から何かを感じられるかどうかがカウンセリングでは大事です。

だけどそれは正しいことを言う、ということではなく、自分がここに入ってくることに関心を持ってくれてるな、毎回同じ対応ではないな、ということを感じてもらうということです。

本間　毎回同じ対応ではないなっていうのが、割とあるんですね？

渡辺　１ｏｎ１でも、いわばカウンセラーの立場にいる上司が、気をつけなきゃいけないことでしょう。そのときによって、例えば急いで慌てて入ってきたら、話したいことがいっぱいあるんじゃなかろうかと思って、「慌てて来てくれたようだけど、何かあったの？」と聞くとか。でも実際は上司の予想は外れて、「今ちょうどやっかいな案件が入ってきてしまって」って返ってきたら「それじゃまた後で時間つくり直そうか？」と言って配慮するとか。そういうところから人間関係というのができていく、というふうに私などは訓練を受けました。

だから座ってから「どう？」って言うよりは、入ってくるときが肝心ということはあります。

本間　そうか、感じたことを伝えるんですね。

渡辺　そう、カウンセラーという上の立場にいる人間の方が、相手がどんな気持ちで来るかなっていうところを気遣うことが必要なのです。言い当てることが大事なのではなく、私は気になったということを表すということ。つまりその人に関心を向けるって言えばいいのかな。

まず、自分を語る

本間　関心を向ける、ですか。それは、「共感する」ということでしょうか？

渡辺　いや、私は個人的に、共感という言葉があまり好きじゃないんです。そもそも無理ですから。人間が違うんだから、同じように感じることなんてあり得ないんです。だから質問するんです。当たっているかどうかわからないけど、少なくとも相手の姿から何かを感じる。それを相手に言わせるよりは私の方から、口に出す。

例えば「今日は忙しい中走ってきたの？」とか「じゃあ少し落ち着こうか？」って、相手に対する関心を持つということですね。間違えてもいいわけですよ。言われた相手は、あ、そうか、走ってきたのを気にしてくれたのか、と感じるかもしれない。もしかしたら「部長の部屋に来るのに走ってきて、失礼しました」って謝る人がいるかもしれない。そうしたら「いえ、あなたが急いできたから、無理して仕事を途中で切り上げて来てくれたのかなと思って」とか、「時間守ってくれてありがとう」とか。それが共感的な関係の土台になるのではないかと思うんです。

本間　それが効果的なカウンセリングをするための舞台づくりとして大事である、と考えたらいいのでしょうか。

渡辺　結果的に舞台づくりにはなりますけれども、もともとカウンセリングというのは、人ってそんなにわかるもんじゃないっていう考え方が基本にあります。私と会ってない間に何が起きているかはわからない。でも私はあなたに関心を持っていますよ、ということで、その関心を持っているということを感謝の方から示す、ということです。「エンパシー」という言葉を「共感」と訳してしまったから、事が難しくなったのかもしれないですね。相手が部屋に飛び込んできた。その事実を、カウンセラーがどう取るかは自分の言葉で言ってみないと。それを受けて、相手も感じたままに考えていることが話せるようになる、ということなんです。

もう一つは、エンパシック・アンダースタンディング（共感的理解）[30]という昔の言葉があります。神経症になってる人とか、不安が強い人に対して、最初から「今日は何がご心配ですか？」と言っても、相手は答えられません。それよりは、相手がここに来てくれたこと自体について話す。来たというのは事実だから。相手にとっては、最初からいきなり「今日はいかが？」っ

30　共感的理解とは、相手の話を、相手の立場に立って、相手の気持ちに共感しながら理解しようとすること。米国の心理学者でカウンセリングの大家であるカール・ロジャーズ（Carl Rogers, 1902～1987）によって提唱された「積極的傾聴（Active Listening）」において、カウンセリングが有効であった事例に共通していた、聞く側の3要素として「共感的理解（empathy, empathic understanding）」「無条件の肯定的関心」「自己一致」を挙げている。

て聞かれるよりは、「今日はよく来てくれたわね」とか「時間守ってくれたわね」って、カウンセラーが自身の気持ちを語ってくれた方がいい。まず、感謝を述べる。事実は来てくれたんだから、私の方から、その人が来たという事実に対して自分の思いを語りましょう、ということです。

でも、そこには信頼関係がないとダメですね。自分を助けてくれる人だと思うから、成り立っているのかもしれない。例えば上司と部下だったら、何か言ったら、あ、これは何の目的で聞いてるんだろうか、と想像しちゃう可能性はありますよね。そういうプロセスを経ていきながら、いかに安心して話せるという気持ちになれるかどうか、というのがカギでしょうね。どれだけ配慮できるかです。

本間　それは、おっしゃる通りです。私の経験でいくと、信頼してもらえるといろんなことを話してくれます。「いや、本間さんだから話しますけどね」などと言いながら。それは今、先生が教えてくれたことからいくと、確かに共感ではなくその人に関心を持つということと、その人の言ったことを絶対に否定せず、かつ必ずどんなことでもポジティブに受け取ることを表明する。「あ、大変だね」とか「それいいじゃん」とか、何かそういうちょっとしたことが、関連してくる気がします。

渡辺　そうでしょうね。だからもしも私だったら「あ、それいいじゃない」って言う前に、「よくそこまで話してくれたわね」という言葉が入ると思う。

本間　先生は、よくそういうことをおっしゃいますよね。

渡辺　つまり自分を語っちゃうんです。「よくそこまで話してくれたわね」。その上で、「それ聞いて良かった」とか「先に進むよね」とか。そうするとそこは方法論に入っていくわけですよね。だから、まずは自分を語ること。自分を語っていうとちょっと大げさかもしれませんけど、「よくそのことを話してくれた」「話してくれて嬉しい」とか、自分の方から気持ちを話すということです。

本間　それはちょっとびっくりですね。よく一般的には、あんまり自分のことを話し過ぎるなっていうのがありますから。ただただ黙って聞く、というのが傾聴ではない、ということですね。それで言うと、「あ、ありがとう、そんなこと言ってくれて」とか、何かそういう一言ってすごい重要ですね。

渡辺　それが、実は相手の言ったことを共感的に理解して繰り返すのと似たような要素を持ってると思うんです。2人で向かい合って話してるわけだから、そこの間の関係性が大きいはずじゃないですか。ただ相手の話したことに対して一方的に「わかりました」と言っているだけだったら、評価になってしまいます。もしそこで「そこまで話してくれるなんて、私は嬉しい」とか「そこまで私は考えてなかったよ」と言ったとすると、上司が自分を語っていることになります。これは信頼関係に通じていきます。

本間　そこの言葉の使い方が日本の上司の人だと、評価的に「いいね」とは言うけども「ありがとう、そこまで話してくれて」とかは、言いにくい。

渡辺　文化の違いかもしれませんね。「ああ、そこまで言ってくれてありがとう」というように、私のことを語るということが、日本の文化の中であるかということ。特に上司とかだったら難しい可能性はあります。その都度で難しければ、例えば30分の1on1なら、その最後にまとめてもいいので、「今日もいろんな話が聞けて嬉しかった」とか、「こんなに努力してくれて本当に感謝してる」とか。結局、部下は何であろうと、上司からは良く評価されたいと思っているんですから。

本間　そうですよね。どんな言葉を発しても、最後は評価者であると。

渡辺　だから評価じゃなくて、私はそこを聞いて安心した、そこまで語ってくれたあなたに感謝する、というような気持ちを表すことが大事で、それが人間関係だと思うんですよ。そう言ってもらうと、この人なら話しても安心だな、というふうに思うかもしれない。

沈黙に我慢できない上司が、実は考えない部下をつくっている

本間　もう一つ、1on1のデモの中で、あえて使ったのは「その他には?」という質問です。これも、有効な質問であることがあります。この質問を丁寧に繰り返していく中から話したいことを探してもらうっていうふうに、できるだけ相手に主導権を持たせる。上司はやっぱり「あ、その話しようか?」ってなりがちですが、「他にない?」とか「他にアイデアない?」と問いかけることを私はよくします。

経験的に言うと、複数のテーマを出してもらって、「じゃあどれについて話したい?」と尋ねて、1つ目の話をする人ってあまりいないんですよ。

渡辺　ああ、そうかそうか。

本間　1つ、2つ、3つと出して、「次いいですか?」って言い出す人もいるんですよね。だから、こちら側がどういう問いかけをするのか、できるだけ相手が自分自身と話すのをサポートする、という立場に立つことが重要だと思っています。うっかりこっちが主導権を取ったり、自分にとって心地いい質問をしたくなったり、そんなジレンマを抱えたりもするんですけど、先生、それどう思われますか?

渡辺　それはそうだと思います。だからこちらも自分を抑えないとならないんですよ。本当はこれ聞きたいなとか、聞いといた方がいいかなと思っても、ちょっと待てと呑み込むことはよくあります。ちょっと焦って失敗することもありますけども、そんなときは謝っちゃいますけどね。相手の話している姿や顔つきから、あらこれまずかったかなと気づくことがあります。非言語的なものがすごく出るかもしれません。

本間　そうなんですね。

渡辺　カウンセリングの場面ではね。でもそれは仕方がないわけです、人間だから。だから私も聞きたいと思って「こっちの方に話を移していい？」って言ったり。

本間　非言語のところにどれだけ関心を持てるかっていうのは、重要なポイントですか？

渡辺　重要なポイントだと思います。これは正しいかどうかわからないけど、正しく言い当てることはできないと思います。

見せていただいた１ｏｎ１の面談デモの話題で言えば、地方とのやりとりで、東京からの相談が行くとなったら、それだけで緊張感が増すかもしれません。そこで「リラックスしてね」と言ったって無理なんですよ。だから逆に、「東京からなんで、不明なところも多くご迷惑かけますがすいません」って自分を語ってしまう。「間違った質問するかもしれないけど、そのときは言ってくださいね」とか。

本間　特に初めての方だと、当然、向こうは緊張すると思うんですよね、人事という立場だと特に。そういう場合、「実は困ってるんですよね」ということから話すかもしれないです。

渡辺　ああ、それすごい。

本間　「実は私、困っていて、だから、各拠点にいる人に話を聞かないと、と思って。だからちょっと時間ください」というふうにすると……。

渡辺　緊張感が緩むでしょ。

本間　はい、そうなります。そういう意味で言うと、最近はもう一つ障壁があって、リモート会議で話を聞かなければならないことが増えています。だから様子とか空気とかっていうのも、利用できることが限定的で。

渡辺　そうすると言葉が抽象化していくでしょうね。

本間　そうなんです。それから、先生にもう一つ、１ｏｎ１と学習についてお聞きしたいと思います。やっぱり会社なので、社員に学習してほしいわけです。いろんな学習があるだろうけど、経験から学んでほしいので、「教訓は何？」という聞き方をします。そして、そこで私たちは沈黙をかなり大切にします。なぜかというと、沈黙の間に相手の頭の中にいろんなシーンが浮かぶと思うからです。

ポイントは、そのシーンは私には見えないということ。だから私がそれを問いにいっても意味がない。私にできるのは、それぞれのシーンから取り出した教訓にラベルを貼る手伝いをすることだと思うんです。その瞬間を、私はよく「脳が汗をかく瞬間」という言い方をするんですが、その沈黙の間にこちらから「それってこうだろ?」などと言ってしまうと、ここで上下の依存関係が始まってしまう。

渡辺　ああ、そうか。答えを出して与えちゃう、ということですね。

本間　そこで答えを出しちゃうと、「君はこれ、どう思う?」って言われたときに上司の顔をジロジロ見て、例えば営業で「気合いだー!」が大好きな上司が相手なら、「気合いでしょうか」なんていう言葉を当てにいく。そしてまた上司が「そうだー!」みたいに返したら、完全に依存関係ができ上がります。これが主体的ではない社員をつくってしまう。沈黙に我慢できない上司が、実は考えない部下をつくっているという構図があると思うんです。

ちょっとフワッとしてしまいますけど、例えば今の1on1を見ていただいて、学習の視点とか沈黙をどういうふうに私たちは理解すればいいでしょうか。

渡辺　ああ、それはおっしゃる通り、相手によると思います。一般論で言えば、もし相手がずっと黙っていれば、何で黙っているのか、わからないわけじゃないですか。相手が考えてるのか、不満なのか、本当は早くここを立ち去りたいのか。だからそれはカウンセラーだったならば、そこの時点だけ見ないで、今までどういう流れでここまで来たかなっていうのは常に見ています。

本間　なるほど。なぜ今ここで黙っているのか。

渡辺　だから必要に応じて「いかがですか？」と聞き、相手の顔を見て「どうですか？」と聞く。私の思ってることが正しいのかわからなくても「私が言ったことに対して、どんなふうにお考えですか？」とか「どうお感じですか？」とか聞く機会をつくるしかない。わからないですから。だから相手の話す内容ばかりじゃなく、非言語的な雰囲気をとても気にします。日常生活で、私たちはそういうものを感じているけど、職場になると役割に囚われちゃうんじゃないですか。

これは私流なんですけど、他人はコントロールできないんです。だから自分をコントロールするしかないんです。相手がどんな気持ちでいるかなって、本当は聞きたいです。もしかしたら聞かれることは迷惑かもしれないけど、「いかがですか？」って聞いて、もし迷惑だとわかったら、そのときに「あ、すいませんでした」って私なら謝ります。

他の状況でも、「何かをお考えでしたら話していただけたらありがたいですね」という言い方をしたり、相手が黙っていることについて、私は気になっているということを伝えようとします。

コミュニケーションと対話は異なるもの

本間　先ほどデモでご覧いただいた1on1と、一般的なカウンセリングとで、共通点と違うところはどういうところだと思われますか。

渡辺　基本的には、行動するのは相手であり、その人が自分の問題解決を進めていく上で役に立つために私はいるんだということですかね。その点では1on1とカウンセリングは似ているかもしれません。そこでは信頼関係がなかったら、心の奥底にあることは話せないだろうから、まずは相手を一人の大切な人間として思うということでしょう。だから私は、自分のコントロールだけをします。今この人にこれを言ったら無理かなとか、いやこれだけは少し叱っといた方がいいかなとかね。それに対して相手の反応を聞きます。つまり、対話をするということです。私が話すことによって向こうも、何か新しいことを言うし、それを聞いて私にまた新しい違った質問が生まれたりするっていう、対話なんですよね。

1on1の話をうかがって、私なりに考えていたことは、コミュニケーションと対話の違いについてなんです。コミュニケーションは、いわゆる情報の交換ですよね。そこにはもちろん感情も入ってくるけれど、基本は伝えなきゃいけないことが伝わってるかどうかが大事。

だから極端に言えばメールだっていいわけです。でも、対話って一体、何なんだろうかって考えたときに、中身の問題ではなくて、話している自分に視線が向かっているということだと思うんです。感情面で言えば、今、自分は腹が立っているなとか、それを抑えているなとか。

コミュニケーションというのは、相手と自分とで言ったことが一致しているか否かっていうところが中心になるけども、対話っていうのは相手がいようがいまいが、自分と対話ができるっていうことです。だから今、自分は怒っているなとか、腹を立てて抑えているなとか。そうすることで自分をコントロールして、この人に言っても無駄だなとかって、相手を見ることもできるようになってくる。自分と向かい合うっていうことが対話の基本。

本間 そうか、コミュニケーションと対話とは違うのですね。

渡辺 コミュニケーションは、情報のやりとりだけです。それも重要ですよ。一方、対話は、気づかなかったことを互いに話して、互いの言葉を通して互いに新たなものが生まれてくるものだと思います。

本間 今日、先生と話す前まで思っていた私の1on1というのは、部下が考えていることを話すのに対し、上司はテニスの壁打ち練習相手みたいになって、パーンパーンと球を打ち返すような役割をイメージしていました。要するにカウンセリング的な応答技術を使うことで、目の前の相手が何かに気づいて、行動計画を決めたところで次はどうする?と問うのが私の1

ｏｎ１のパターンでした。今日の先生の話を聞くと、対話であれば、相手の話を引き受けて、一方的に壁になるのではなく、こちらからも語ることによって、新しく何かができ上がっていくようなものをイメージします。

渡辺　特に経営学では、今そっちに行ってますよね。「こういうことに気づいた」とかに対し、「だったら新たにこういうふうに考えるけど」とかぶせ、さらに「だとするとここは問題じゃないか？」と続き、「そうか、じゃあ今度そこまでもう少し考えてみようか？」みたいに。私はカウンセリングは対話だと言ってきましたが、それと共通するなと。

本間　今日ここまで先生のお話をうかがってきて、信頼関係が大事だ、１ｏｎ１の成否は上司と部下の関係によるだろう、というところが説明を通じてよくわかった気がします。そこで、信頼関係をつくるにはどうしたらいいかということなんですけど、私が先生にかつて教わったことで今、社員に言っているのは、人が感情的になるのはしょうがないということです。人は感情的になるもので、止められるものじゃない。でも、あなたがなぜ感情的になったのか、その前後関係は覚えておいた方がいい、という教えがとても記憶に残っています。

それまでは上司であるならば感情を抑えないといけないと思っていたけれど、先生から教えてもらってからは、今、俺、機嫌が悪いなとか、怒ってるなとか、気分がいいなっていう自分の感情に常に正直でいよう。そして振り返って、この前に何があったか、例えば、彼にどういう言われ方をしたから今こんな自分は不愉快なのかって、前後関係を覚えておこうと思ったんです。

そうするとある種のデータベースができるから、信頼を得るために使っていい言葉と使っちゃいけない言葉っていうのがわかってくる。そうか、さっき俺が一生懸命話してたのに、その間あいつはずっとメール見てたから俺は不愉快なんだ、と思えば人に対してそれをしなくなるとか、基本的なことが大切だなと思いました。信頼を得るための努力として、自分を語るということにつながりますけど、自分の感情と前後関係をつかむことってとても重要だと。

渡辺　それが重要だっていうのが、経営学でセンゲ[31]なんかが言い出したことだと思うんです。その前はひたすらコミュニケーションだって言ってたんですけど、そうじゃなくなってダイアログ（対話）って言葉が経営学で使われるようになりましたね。

コミュニケーションとダイアログの違いですけど、元をたどれば哲学の世界で、ダイアログは相手がいるかいないかというより、私自身との対話であって、自分に向かい合うものだということ。人は自分を客観視できると、多くの場合、落ち着くものですから。

31　ピーター・M・センゲ（Peter M. Senge, 1947〜）。米国のシステム科学者。マサチューセッツ工科大学経営大学院上級講師、組織学習協会（SoL）創設者。旧来の階層的なマネジメント・パラダイムの限界を指摘し、自律的で柔軟に変化し続ける「学習する組織」の理論を提唱。

本間　そう、客観視することで、確かに落ち着きますね。

渡辺　もちろん心理学の分野でもコミュニケーションっていうのは技法としてはあります。専門家として身につけるべき対話能力のことですね。その技法は、相手との対話に限らず、自分自身との対話にも影響を持ちます。

1対1の対話でも、対複数だとしても、自分に目を向けていれば、自分の発した言葉が自分で感じた通りに跳ね返ってこないとき、相手は理解できなかったかもしれない、あるいは嫌な思いをさせてないだろうかと気遣うことができます。

本間　自分自身との対話から気づくという意味では、確かにいい1on1を思い出してみると、一番の学びは終わった日の夜か、2、3日経ってからやっぱりそうだったかって思うことがありますよね。

渡辺　そう、あとで思い出してね。話してる最中は一生懸命だから。

本間　自分が語るという点についてですが、私には発見がありました。私は1on1を社内に浸透させようとする中で、あまり強く言わない方だったんですね。みんな忙しいし、1on1に時間を取るのは大変だから、月1回でもいいかな、などと考えていたんです。

頻度が大事とは言ってきましたが、部下にとっていいタイミングでやるべきとも言っていました。ところが先生の話を聞いて、コミュニケーションは頻度が最重要だ、と思い直しました。

毎週話していればハードルも下がって言いたいことも言えるようになるけど、月1回とか2カ月に1回になるとどんどんハードルが上がってしまいます。どんどん「面談化」してくるんですよね。企業において1on1っていうと、ほとんどの人が「それは面談とどこが違うのか」と言います。

渡辺　それは、そう思うでしょうね。

本間　面談になったら、ある種の対決ですからね。それで、これからは、5分でもいいからとにかく1週間に1回必ずやれって言おうと思います。ちょっと話すだけで違うからって。今日はあまり話すことがないとしても、「先週のあれすごいよかったよ」って言うぐらいでも、まったく違ってくると思うんです。

渡辺　「覚えていてくれたんだ」ということもありますしね。つまり、自分の存在を大切にされるかどうかってことでしょう。だから、制度を入れる意図はなるべく早く伝えた方がいいだろうと私は思いましたね。

相手の存在を認めることが大前提

本間　存在を認めるっていうところなんですけど、ビジネスコーチングの世界ではビーイング、ドゥーイングって言い方することがありますよね。私は、特にビーイングがとても重要だと思っています。とかく、やってることばっかり褒めたりしますけど。

渡辺　そう。ビーイングのところね。

本間　あなたがいてくれてよかった、という一言が言えるかが一つ。それから、ヘンリー・ミンツバーグ[32]っていう経営学者でマネジメントの研究をしている人が、優れたリーダーを調べていくと「スモールトークがとてもうまい」と言うんです。スモールトークというのは１ｏｎ１じゃなくて、歩いているときなんかにパッと言う一言です。「子どもは元気か」とか「君は病気治ったのか」って一言が言える人が、組織では非常にパフォーマンスが高いと言うんです。

　こういうリーダーが注目しているのは、ドゥーイングよりもビーイングなんです。営業でいうと、「頑張ってね」よりも「頑張ってるね」っていう、このたった一言の使い分けでパフォーマンスが大きく変わる、ということです。

渡辺　そうだと思います。それは私も学校現場で経験があります。

　京都府下の比較的に学力が芳しくない学校だったんですけど、そこで校長先生が何してるかっていったら、廊下を歩いてるときは必ず生徒に声を掛けていらっしゃったのです。「おい、どうした、靴の後ろ踏んでちゃ駄目だぞ」とかね。そうすると、「あっ、校長先生」って子どもたちは反応する。それだけなんですよ。それで私が、先生すごいですね、私と話しながらも目は子どもの方に行ってるんですね、と言ったら、このあたりの子は存在を認められることがないからね、と言ったんです。叱るときはきちんと叱るけれども、日頃は一人ひとりに目をかける。みんな、どうしても学校をマスでしか見ない、という校長先生の言葉は、とても突き刺さりましたね。

すれ違いざまにちょっと声を掛ける。「きょうは元気か」とか、生徒がやっている係とかを覚えている場合には、「花に水やったか」とかね。そしたら子どもの方は、「それはもう終わりました」と返したりして、すると「ごめん、ごめん、そうか」などと言って。歩きながら、ちょっとしたすれ違いざまにです。

だから企業だって、特にこれからの若い人ってそういう傾向を喜ぶだろうなと思います。ミンツバーグの言葉は、日本でもぴったりだと思う。中にはふーんってばかにする人もいるかもしれないけれど、それはばかにしてるわけじゃないんです。気恥ずかしいとかでしょうかね。でも、今まで上司からとか先生から声を掛けられたことがない子には響くでしょう。

本間　これも、私の同僚が教えてくれたことですけど、そういう関係性をつくれているリーダ

32 ヘンリー・ミンツバーグ（Henry Mintzberg, 1939～）。カナダ・マギル大学教授。経営学者。著書『マネジャーの仕事』（邦訳・白桃書房）などで知られる。

ーが、いざというときに右向けって言ったらみんな向くっていうわけですよ。よく私たちは、会社の経営戦略を大きく変えるときに、これはロジカルに筋が通っているから右を向くんだっていう言い方をしたがるんですけど、実はそうではなく、人はリーダーの人柄とか一貫性みたいなのをずっと見ていて、この人が言うなら右に向こう、と考えるものです。

どうすればそうなれるかというと、平時からちょっと声掛けをしたり、ちょっとした会話をしたり、小さな約束を守る。普段から水やりをしておく、というような言い方をしてましたね。

渡辺　基本は同じなんでしょうね。人間って存在を認められたいから。

１ｏｎ１の「最近どう？」って突然、聞かれても、私はどれだけの人が起きた出来事を素直に話し出すのかな、と疑ってしまいます。先週何曜日に会ったよねとか、その後どうしたのか気になっているとか、この間あなたと話してこんなこと考えちゃったよとか、こっちがオープンにならないとダメだと思う。

本間　それは自分を語るっていうところにつながっていますね。例えば「それは嬉しいな」とか「俺も心配だったよ」っていう、ちまたのビジネスコーチングではアイメッセージって言い方をしますが、それに近いですか。

渡辺　近いですね。ただ、本来のコーチングの目的というのは組織の中できちんと行動できるようにすることでしょう？　ただ悩みを相談するわけじゃなくて、もっと積極的な意味があると思うんです。そう考えると、自分を開いていくコーチの方がいい。コーチの方から、あなたのためにいるんだよって、例えばね。自己紹介していくような言葉がないと難しいだろうなって、前から思ってたんです。

カウンセラーの場合もそうですけど、自分を語るっていうのは長くじゃなくて、さっきの京都の先生みたいに、ちょっとのすれ違いで声を掛けるっていうこと。こっちから声を出すっていうことが意外と今の時代、基本じゃないかな。でも日本の文化はどっちかっていうと先生は教える人だから。

本間 聞かれれば、答えるという。

渡辺 そう。そして、生徒も聞かれたことには答えるっていう、この文化ってそんなに変わらない。どっちも悪気はないと思うんですけど。ただ、今の状況はそれだとうまくいかないから、コーチングなどの技法がアメリカでも出てくるわけでしょうし、さらに日本でも。

本間 特に１ｏｎ１は、１対１で話す場ということで、日本人はあんまり得意じゃないと思うんですね。上司と1対1って、怒られるのに呼ばれるときぐらいで。

渡辺 それはありますね。その文化がかえって人間関係を悪くしているということも。でも、そういう文化的な土台はあるっていうことを認識しておいて、そこを破る道として１ｏｎ１がある、と言ってもいいと思います。特に今、いわゆるＳＮＳみたいな道具が広がって、ますます日本人にぴったりのものが手に入ることになる。相手の顔を見ないで、言いたいことが言えますから。

本間　日本の会社組織の文化を破る方法としての１ｏｎ１というところで、思い出した話があります。１ｏｎ１を企業に導入すると、失敗するところも多いんです。興味深いのは失敗する理由なんですけど、ある会社の例を挙げると、「上司が部下の話を聞くなんてありえない」というんです。それでは１ｏｎ１は、うまくいきません。つまり、会社が持つ文化が成否に大きく影響していると思うんです。１ｏｎ１を入れてみると、それがリトマス試験紙のようになって表れる。

渡辺　組織として、まずいってことがわかってしまう、ということですね。

本間　他のある会社においては「とにかく忙しいので１ｏｎ１の時間が取れない」という。でも、その会社は、実は物事に優先順位がつけられないとか、上司が職場にいないっていうことがそもそもの問題であって、１ｏｎ１が入らないことが問題じゃない。忙しいから決められないんじゃなくて、決めないから忙しいという話です。

渡辺　もっと基本的なところですね。

本間　ほんの数人の仲間内ではとても関係がいいのに、それが上司だったり部下だったり、さらに隣の部署になると、連絡はすべてメールになる。そもそも信頼関係がないことに加えて、背景や目的を明らかにせず、用件だけをメールで送るからコミュニケーションエラーが起こる。ちょっと話せばいいのに、と思う。朝の挨拶もしなければ、お疲れ様でしたも言えない。どうしてお疲れ様が言えないかというと、早く帰るっていうことに引け目があるからです。そこに手を入れないから、どんどんおかしくなる。

渡辺　そうか、評価に関わってくる。

本間　あと、スモールトークができないっていうのは、例えばエレベーターの中。乗り合わせたのが知り合いでも、今はほぼ常にスマホから顔を上げませんからね。これを繰り返していけば、たまたまチャンスがあっても出る言葉がないです。

昔だったら、暑いねとか、っていうくらいはあったけど、今はそれさえもないから、ちょっと話すことがどんどんなくなっている。コミュニケーションが取れないから、「1日あったことを少し話して」って言うと、「何のことですか」「監視してるんですか」「僕のこと信用してくれないんですか」って、言われることも少なくありません。

渡辺　そうですね。日頃からスモールトークをしていれば、お酒飲んでカッと言っちゃっても、「あれは酒の席」だってなるけど、いつも上から文句を言っている上司が、ある日突然、「君、いいことやったよ」って言ったって、「何のお世辞？」ってなっちゃうから、日頃の関係性ですね。特に上司の言葉の使い方。話す中身は批判であっても、ばかにするような言い方にはしないとか、話す中身と感情とをきちんと自分で分けられることが大切。そうやって冷静になっていくための訓練は必要なのかもしれないなと思います。なかなかできませんけど。

【対談を終えて】

渡辺先生から示唆されたのは、上司と部下で対話をすることの難しさにあると思います。4時間を超える対談でもらったメッセージの多くは、このことに集約されるように思います。「部下は上司の目の前で、何をどこまで話してよいのか、考えながら、慎重に話をしている」。これは自分が部下の立場であれば、当たり前のことです。しかし、逆に自分が上司のときには、部下が遠慮なく自由に話をしているように錯覚してしまう。渡辺先生にガツンとやられるまで、その認識は薄かったように思います。

加えて対談では、理論家でありながら実践家である渡辺先生の珠玉の教えを思い出させていただきました。共感の意味や自分を語ることの大切さ、コミュニケーションと対話など、私が渡辺ゼミに所属していた頃のことを、ありありと思い出しました。私の聞き方が下手で、読者のみなさまには大変申し訳ないのですが、ぜひ、もう一度読んでいただき、三枝子ワールドを感じていただけると幸いです。

対談IV……コーチングと1on1

「できるまで教えるのがコーチの仕事です」

上野山信行さん

サッカーJ3 カマタマーレ讃岐の強化、育成、普及の総責任者、GM（ジェネラル・マネージャー）。大阪市出身。現役時代はヤンマーディーゼルに所属。大型フルバック（センターバック）としてプレー。1987年に引退し釜本FC（釜本邦茂氏が主催する少年サッカークラブ）、その流れを継ぐガンバ大阪ユースで指導に当たる。ガンバ大阪のサテライトコーチ等を経て、2001年以降は下部組織全体を統括する育成・普及部長に就任。2009年より日本プロサッカーリーグ（Ｊリーグ）へ出向、Ｊリーグ技術委員会委員長を務めた。2014年、ガンバ大阪取締役 強化・アカデミー本部本部担当に就任。2020年1月より現職。

上野山信行さんは、数々の有名選手を育てたサッカー界では有名な指導者です。私はＪリーグの研修などで、そのコーチングを間近で見て、刺激を受けてきました。その刺激は、サッカーに限らず、ビジネスや、１ｏｎ１に活かされるものも少なくありません。

上野山さんとの対談は、先の３人とは異なり、直接的に１ｏｎ１について話をしているわけではありません。しかし、私が１ｏｎ１を進めるうえで大切だと感じている人材開発の哲学は、上野山さんの影響が強いため、その一端を感じていただきたいと思い、本章の最後に掲載することにしました。

「〝なぜ〟は未来に使うようにしている」

本間　上野山さんとお会いすると、いつも何かの発見があります。この前、お会いしたときに「〝なぜ〟は未来に使うようにしている」と言われて、はっとしました。これは、上野山さんの持論だと思いますが、こういう独自の視点を、次々に生み出されるのは、すごいと思っています。まずは、このあたりからお聞かせください。

上野山　今この瞬間も、すぐに過去になりますよね。未来って見えへん。誰もわからへんことでしょ？　成功するという前提でやっている中で、過去は過去なんで、「なぜ？」って振り返ってても仕方がないと思っていて、それをやるとネガティブな考えになり、追い込んじゃうよね。だから、なぜ？とあまり言わない方がいいんじゃないかと思う。反省だけではなくて、目的をしっかりと持ち、過去の足らなかったものを埋める努力をする人が伸びると思っているんです。

本間　過去を振り返らないって、経験学習の理論でいえば、逆のようにも思えるようなアイデアです。しかし、上野山さんは、理論より「それをやると追い込んでしまう」という、現場ならではの感覚がある。だから、未来のありたい姿を聞いて、そのあとに「なぜ？」と聞くようにされている。僕は上野山さんの視点と理論の双方がわかります。そして、未来についてなぜと問うことは、結果的に、選手に目的を意識させることにもなる。例えば、選手が「もっとうまくなりたい」と言ったら、なぜと聞く。「プレミアリーグでプレーしたい」と答えたら、「じゃあ、もっとパスの正確性を上げよう」となるということですよね。選手の過去の失敗を「なぜ？」と聞いて、選手が「すいません」で終わるような対話では、選手はうまくはならない。とてもよく理解できます。

理論を理論で終わらせず、持論として修正していく。1on1でいうと、本はたくさんあるし、研修もある。だけど、大切なのは、上野山さんのように、自分でやってみて相手の反応を見て、適応させていくことだと思う。上野山さんのコーチングを見ていると、理論の前に選手の言葉を真剣に聞くことを重視しているように見える。上野山さんは、選手の話を聞くとき、何を意識しているのでしょうか？

上野山　そうですね、何を言わんとしているかというのが、話を聞いていて一番気になります。助けを求めているのか、話を聞いてほしいのか、話の目的（趣旨）があるはずなんですよ。

本間　言葉には出てこない、しかし選手が言いたいことを理解する。

上野山　そうそう。話の趣旨をわかってくれたら相手は嬉しいから、この人と頑張ろう、というのが僕の価値観。そこだけですよね。それを汲んでやらんとあかんかなと思う。言葉の表面上を聞くだけだと、それは難しい。

本間　それって、対話を通じて、言葉には出てこない選手の本心を理解しようとしている感じですか？

上野山　その通りです。僕からしたら、良き理解者として選手をサポートし、何か貢献したい、と思っているわけですね。質問して、最後まで聞いてから、選手が言いたいのはこういうことかと整理します。

本間　僕は多くの1on1をしてきたけど、上野山さんほど真剣に話を聞いているのかと、自分に問うことがあります。テクニックを上回る気迫を感じることもある。本当に勉強になります。こういう上野山さんの名言を僕は集めているのですが、その一つに「質問に答えて！」というものがあります。例えば、コーチが選手に「なぜ、ゴールを狙わずにパスをしたの？」と聞いたとき、「すいません」と言って、答えをぼやかすことがある。選手は感覚的にプレーしていて言語化できないか、コーチの答えを当てにいこうとしているからです。そういう習慣に慣れてしまっている選手に対して、上野山さんが発する言葉です。

上野山　日本人には多いやん。

本間　はい。でも、それが上野山さんの口癖のように思えてしまうのは、自分で考えて質問に答えられない選手が多いということですよね。

上野山　選手はコーチの話を真剣に聴いていますが、間違えた答えを言うと試合に出られないとか、自分を守ろうとか、防衛本能が出るんですよ。日本はタテ社会だし。先輩は怖いということがあるし、そこで人を見ちゃう。話を聞かなあかんのに、人を見ちゃうんですよ。仕事も一緒ですよね。上司を見て、仕事を見いひんから。人を見たら絶対ダメですよ、そんなもん。誰だって、いろんな仮面があんねんから。

本間　上野山さんは、話をちゃんと聞いてくれるし、この人は何を言いたいのかなと、選手が発する言葉の背景までを推測しながら、聞いてくれている印象があります。

上野山　僕に何を求めているのかな、というのをまず探す。最初からパッとは言えないですよ。でも、わーっとしゃべってもらって、で今日は何が言いたいの？と聞けば、だいたいのことはわかります。

本間　少し話すことによって、自分の考えが整理できたという経験は誰にでもあるのだと思います。そのプロセスを理解して、相手に寄り添える人は少ないと思います。

上野山　僕が指導している選手がプレーして失敗したんだから、僕がお願いして改善してもらわないといけないということでしょう。多くのコーチは「やれ！」っていう命令形。僕は育成するという前提やから、お願いというか気づかせるというかな、やったことを見てやらなあかん。失敗したか成功したか。成功したら、よかったねえ、と言って。人間って、見てもらって、褒めてもらったら嬉しいし、失敗しても、何が足らなかったかな、と言って。

僕はプレーを改善し、選手を上達させるのが目的やから、成功するまでやらなあきませんやん。指導者ならば、できるまで教えるのが仕事ですよ。

本間　それができない。上野山さんは、選手にお願いする、と言いましたが、サッカーでもそうだし、日本の管理職で、会社の中で上司が部下にお願いして「この仕事やってくれ」という人は誰もいません。サッカーで言えば、上手な人が「教えてあげてる」ということで、だから、なんでできないんだ、と怒るわけですが、上野山さんは、それはお嫌いですよね。

上野山　嫌いだね。

本間　コーチ同士で集まって、あいついつまで経っても左脚で蹴れない、何回教えてもうまくならない、センスがないよね、と言ってると、上野山さんが、「それはお前らの言い方が悪いんだ」と。

上野山　そうそう。僕は許せへんのよ。お前、指導者やろ、と言いたいです。個の育成、個の育成と豪語してる奴らが、お前が育成してへんやないかと言う。責任持て、と言いたいですよね。怒って直るんなら、僕だって怒りますわ。怒ってスッキリしてるのは指導者ちゃうか、と思います。で、陰でブツブツ言うでしょ、あの選手、ダメだとか。責任者、失格ですよ。

本間　そういう上野山ワールド好きだなあ。1on1も「コーチングよりティーチング」とか「気づかせる質問」とか技術的な部分に目が行きがちなのですが、部下より高い給料をもらっている上司が、部下に何を渡せるのかという視点が不足しているように思います。部下に適当にアドバイスして満足しているようでは、上司失格ですよね。

「育む」とは、考える力を引き出すこと

本間　西堀栄三郎という人がいて、東芝の技術顧問だった人です。その西堀さんが、教育というけれど日本人は「教」ばっかりで「育」が弱い、と言っているんですが、上野山さんの考えで言うと、どうなりますか？

上野山　教えるのは大事ですよ。時間を守らなければいけないとか、挨拶しなきゃあかんとか、基本原則は教えます。理由づけも教えないと、形式だけでは子どもは守らないから。あとは、見て学べ、というのが日本ですよね。職人みたいな人がいて。見たって、学ばれへんですよ。10年見てるだけとか、そんなん時間もったいない。この人いつ死ぬかわからへんのやから。無責任でしょう。

育むというのは、自分から殻を破るというのかな、ちょっと押したり引っ張ったりして、考える力を引き出すということでしょうか。もがいてやってみて、それで成功したら、すごく力になると思っているから。そんなふうに考える力をつけなければならん、というのが僕の考え

方だから。教え過ぎ、というのはあかんと思ってる。

本間　考える力を引き出す。これは教えると比べると、対象となる時間が長いような印象があります。知っている、知らないではなく、サッカー選手として成長していくための足腰のようなもの。そして、良い指導者に出会えることができれば、その指導者がいないところであっても、また、所属するチームが変わって、違う指導者のもとでも成長することができる。

上野山さんが、選手が現役時代だけでなく引退しても、上野山さんの言葉を覚えているという話もよく聞きます。「ジュニアユースで、上野山さんから教わったことを、引退した今でもよく思い出します」と。そうやって、上野山イズムが継承されて、日本のサッカーが強くなっていく。素晴らしいことです。僕は、同じイメージを人材育成に持っている。1on1もうまくやれば、部下の考える力を引き出すことができる。このところ部下の主体性を引き出すことが組織のテーマになっているけど、これも1on1で可能になります。

もう一つ、上野山さんから教えてもらったことですが、コーチが選手に「試合中は、もっと声出して指示しろよ」と言ったら、「国立競技場で満員だったら、声かけたって通じない」と上野山さんがコーチに助言した。僕もサッカーをやっていましたが「もっと声、出せ」「声を掛け合え」は、常識でした。大人になって、僕らが何かを学ぶためには、知識を増やす前に自分の常識を問い直せという意味で、アンラーン（学習棄却）が重要だって習うんだけど、その瞬間でした。

上野山　極論は、トッププレイヤーを育成するということは、日本代表を育てることだと思っているから、世界に行ったときには、４万人ものお客様の中では、声を出したって聞こえないし、そんな選手は通用しないと思ってるから。育成段階のときには声を出してもいいんですよ。

でも、最終的なモデルというのは、声を出さない。その代わりにアイコンタクトですよ。それができたら、一番いいんじゃないですか？　そこで話をしてたら、情報が脳に行くまでコンマ何秒かかる。それをやってたら、世界では勝てない。声出す前に、もっと早くパスを出せ、ということです。

本間　それこそがコーチの言葉だと思いました。

上野山　日本というレベルの低いところでやっているから、観客が少ないから声が聞こえるわけですよね。ヨーロッパに行ってやったら、僕も経験があるけど、聞こえへんですよ、全然。ボールを持った瞬間にブーイングされるんだから。最終的に、どういう選手を育てたいかという具体的なイメージを持ってないでしょ、みんな。僕は持ってるから。

本間　これは強調しておきたいけど、上野山さんの指導や薫陶を受けて、その後、ヨーロッパでプレーした選手は、抜群に多い。今はわからないけど、僕が調べたときはダントツだった。要するに実績があるんです。上野山さんの指導スタイルに疑問を持つ人もいるようだけど、じゃあ、同じくらいの成果を出してみろよと言いたい。で、質問ですが、なぜ、上野山さんが育てた選手は、こんなにうまくなるんでしょうか？

上野山　考え方でしょうね。目標を持たせる、ということ。世界に行きたいと言うけど、行きたいという願望ではなくて、「行く」という意志を持ちなさい、と言いますね。そして、世界の選手のプレーモデルを文字化して、例えば止めて蹴って走る、というのがありますね、それをやって自分の立ち位置を分析して、足りないところを埋めていくという。それをやれば成功する、ということです。それはサッカーでも仕事でも一緒ですやん。

本間　はい。まず選手と話をして、世界でプレーしたいというゴールで合意する。そして、そのために必要なのは何かという話になる。サッカーの場合、ボールを止めて蹴るが基本だからそのレベルを上げる練習をする。30メートル先の的に向けて、30センチの誤差で蹴ることができたら、世界に行けるぞ、となるわけです。これはとてもわかりやすい。さらに、50センチの誤差を30センチにするために、選手の基本練習にも付き合う。そして、その基本練習に飽きているのは、選手ではなくコーチだ、という名言もあります。

上野山　そうそうそう。飽きているというより、コーチは勝ちたいから。どうしても、戦術に走っちゃうのね。

本間　でも、選手が世界でプレーするために、基礎練習が必要ならば、退屈であっても、それをいかに集中して練習させるかということこそが、コーチの仕事だということですね。

上野山　そう、基本って、楽しくないですよ。それを、いかに楽しくやらせるか、ということですね。ゲームは、放っておいても楽しいんですよ。楽しいけれど、慣れてくると人間は惰性でサボってくるから、そこをよく見ていないとあかんし。練習によってモチベーションが違いますからね。30メートルのパスなんて、面白いですか？　面白くないはずですよ。面白くないものをやって怒ったら、なおさら面白くないでしょ。それだったら、いい意味で褒めてやる。褒めるんでも、簡単なプレーを褒めたって、実感がわかないですよね。そうしたら、プレーのハードルを上げるとか。10秒間でパスを10本やるとか。それにチャレンジさせる、ということをやって、ミスしても怒らないで次はハードルを下げて、11秒で10回やるとか。

本間　その人がちょうどチャレンジしやすいようにするんですね。

上野山　そうです。そういう設定をしてやる。そこではお互いに見える数字を使った方がわかりやすいから、「今から1分間やるでー」、と言ったって、わからないですよね。そうじゃなくて10本とかと明確にして、それでミスしたとしたら、はっきりわかりますやん。

本間　基本技を集中してやらせるために、声のかけ方も、今10メートルのパスができているとして、それが30メートルになったら、お前はメッシになれる、という言い方をする。

僕が学生だったときの部活動では、コーチが僕たちのモチベーションを上げてくれるようなことはなくて、基本は罰則なんですよね。試合に負けたら、グラウンド10周。連敗したら、走って家まで帰れ。帰路で歩いていたら、コーチが隠れて見ていて、見つかって殴られたりしました。上野山さんの指導を見て驚いたのは、罰ゲームが罰じゃない。例えば、ゲームをやっていて、負けたチームは、取られた点数だけ、その場でジャンプしようと言うけど、せいぜい2～3回くらいです。全然つらくない。

上野山　僕は本当は嫌なんですよ。日本は、負けたら、というのがあるから、勝つ意識が弱い。負けた方は放っておいたらいいんですよ。でも、勝った方に1000円やる、と言ったら保護者から文句が出る。本当は勝った方に何かやってあげたいんですよ。日本は負けたらあかんばかりだから。絶対勝つんだ、というのがないですやんか。それは日本の文化で、いいところでもあるんですけど。チームプレーで弱いところ。エゴイストがいない、というか。

でも、負けたからといって、走ったら強くなるんならいいけど、サッカーはボールを蹴って判断するスポーツだから、本当はジャンプもおかしいんですよ。試合でできなかった課題を分析し、原因を究明する。そして、その課題克服ができるトレーニングをさせなければならないのです。なのに、負けたら「走れ」だの「ジャンプ」だの、あまり意味のない罰ですわ。罰を与えたら直ると日本人は思ってるんですよ。で、勝ったら指導者は満足する。細部にはいっぱい問題があるのに。

本間　ビジネスだって同じですよね。細部は無視して、勝ち負けだけにこだわる。勝ったら何も言わないけど、負けたら、頭ごなしに怒る。何回同じこと言わせるんだとか、つまらないサッカーするなとか。選手からしたらよくわからない。

上野山　日本人って「頑張れ！」ってくくっちゃうんですよ。何を頑張るのか、頑張ったらこうなる、というのがないし。仕事だってそうでしょ。誰がいつまでに何をするか、という3つじゃないですか？

【対談を終えて】

上野山さんほど、現場での経験を持論に変えて実現している人を私は知りません。対談でも述べたように、上野山さんは、ときに理論とは逆のことを言ったりしますが、実践の中で生まれた持論だから迫力が違う。幸運にも、私は上野山さんの指導を実際に見て、選手が魔法にでもかかったように急激にうまくなるのを見ているので、上野山さんの持論には驚かされるばかりです。

また、私はかつて、1on1のイメージを伝えるときに、部下の1on1のディテールを理解しようとすると詰問になる恐れがあるので、壁打ちくらいの感覚で、軽く相槌を打つくらいでよいと言っていたのですが、それではいけないと気づかされました。上野山さんは、話し相手の言葉を一言も漏らさず聴こうとする。壁打ちどころではない真剣さがあります。だから、上野山さんとお会いしたあとに、「本間さんは○○と言ったが、それは△△という意味でとらえてよいのか？」とメールが来たりする。私はおしゃべりだから何を話したか覚えていなくて「面倒だな」と思うこともあるのですが、このくらい真剣に話を聞き、言わんとすることを理解しようとする。上野山さんは生粋のコーチです。私は心から尊敬しています。

おわりに

最後まで本書をお読みいただき、ありがとうございました。

約3年前、私は前著『ヤフーの1on1』の制作チームの一員となり、本間との1on1スタイルのあとがきで、「1対1で話して、お互いの言葉の重ね合わせをするぐらいのていねいさを経ないと到達できない進化のレイヤーがあるんじゃないか」と述べました。このことは、以来ずっと頭の片隅にあったのですが、本書をつくる作業の過程で、その考えをいっそう強めることになりました。

前著をつくったとき、書籍ですから内容的にフォーカスする必要があるため、あふれてしまってお伝えしきれなかった事柄もありました。また、この3年間で1on1に対する考え方の変化も感じていたため、これらについて明らかにしたいという思いから、今回の執筆作業がスタートしました。白状すると、みなさまに何かをお伝えしたいというより、自分自身がもっとよく1on1について考えてみたいと思い、それに多くの人を巻き込んだ、と言えるかもしれません。

そして、本書自体が、本間だけでなく、制作チームや、他の企業の方など、多くの人との優れた言葉の重ね合わせによってできあがりました。自分一人で考えるだけでは到達できないところに来ることができた、という前述の思いに通じています。私ごときに起きた体験について「進化のレイヤー」などというのも憚《はばか》られますが、ここでお伝えしたいことは、これが単に一個人の体験的な話ではなさそうだということです。こうした「言葉の重ね合わせ」の質が、今後ますます人と人との営みにおいて、より大きな幸福を追求したり、解かねばならない難題に立ち向かうために、全社会的に、もっと言うと、全人類的に求められていくのではないかということです。

1on1は、今は企業組織内でのコミュニケーションを活性化し、より高い成果を上げるための方法として注目されていますが、実はもっと大きな社会の変化の予兆なのではないか、という感触を持っています。大げさに聞こえるかもしれませんが、コミュニケーションのあり方が人類史規模で変わっていく、というイメージ。太古の人々が大声を出してメッセージを伝えたり、結束を図るために威圧的な態度で注意喚起したり、ときには身を守るために相手を威嚇したり。そういうやり方は、大昔であれば間違いなく有効であり、だからこそ人類は生き残り発展してきたのでしょう。そして、何十万年もそれでやってきたわけですから、今なお私たちの身体に染み込んだままであるというのは無理からぬことです。

でも、もうそのような雑で粗暴なやり方では、私たちの時代が直面している課題には対処しきれなくなってきているのではないか。権威者が大きな声で危機感を煽れば、その場限りで一瞬の効果は得られるけれど、明日も明後日も継続的に物事を動かしていこうとすると、逆効果になるかもしれない。第5章にご登場いただいたカマタマーレ讃岐GMの上野山信行さんは、インタビューの際、「頭にきて怒りたくなることはもちろんありますけど、感情にまかせたコミュニケーションで問題解決はできません。

威圧的な指導をして選手が上手くなるなら僕だってそうしますよ。でも、大声を出してスッキリするのは指導者の方だけで、選手にとってよいことは何もありません」とキッパリおっしゃっていたのが印象的でした。

この数十年の社会の変化の中で、多くの人がそういうことに気づき始めたのだと思います。何が起こっているのかをていねいに言語化し、それが向かう先についてさまざまな意見に耳を傾け、収集した情報に自らの考えや思いを重ねて、次にとるべき行動を決めていく。そこでは、理にかなった適切な選択ができるだけでなく、決断した方向へと邁進する勇気も得られる。これらをすべて内包した課題解決の一つのあり方が、今はたまたま１ｏｎ１だった、ということなのかもしれません。少し視野を広げて眺めてみると、ビジネスに限らず、これまで私たちがまったく経験していない領域から問いが投げかけられているとも考えられます。おそらく、多くの人が１ｏｎ１に関心を抱き始めた背景に、そんな事情があるのではないかと想像します。

『ヤフーの１ｏｎ１』が刊行されたあと、私たちは仲間と語り合い、言葉を重ね合わせることで１ｏｎ１をもっといいものにしたいと考え、「１ｏｎ１マネジメント研究会」という勉強会を始めました。１ｏｎ１のトライアルを始めた企業の方にご登壇いただき、取り組みの内容を話していただいて意見交換をするというものです。本間とは「出席者が10人を切ったらやめよう」などと話していましたが、驚くなかれ毎回30人前後の方に集まっていただき、隔月開催で2年も続くことになりました。そこで私たちも多くの示唆を受け、ヤフーにおける1on1もアップデートされ、さらに豊かになったと実感しています。本書もまた、多くの方々とのつながりを生み出し、仲間が増えていくことを願っています。

最後になりますが、本書の制作にご協力いただいた方々のお名前を挙げて感謝の言葉に代えたいと思います。

第2章の「企業の取り組みを知る」で取材にご協力いただいたパナソニックの西峰有紀子さん、北垣信太郎さん、菊川万友さん。パナソニック ソリューションテクノロジーの香田敏行さん、伊藤一義さん、赤江章さん、引場慶一郎さん、岩尾修一さん、村田裕雄さん、岩田和也さん、瓦間友基さん、濱本彩香さん、渡辺比路子さん。日清食品の深井雅裕さん、段村典子さん、大西剣之介さん、松尾知直さん。静岡銀行の八木稔さん、藤島秀幸さん、遠藤威さん、福世学さん。札幌渓仁会リハビリテーション病院の森河琴美さん。埼玉石心会病院の福島俊江さん。

第5章の「専門家の知見に学ぶ」では、インタビュー対談に快く応じてくださった中村和彦先生、松尾睦先生、渡辺三枝子先生、上野山信行さん。

ヤフーを卒業したあとも示唆を与え続けてくれた小向洋誌さん（LINE株式会社）、中村雄一さん（株式会社カイラステクノロジー）。ヤフー社内から力強く援護してくれた宮田香さん、中村有沙さん、山田順子さん、安田ジーナ真理子さん、大石ほの佳さん、宮下健太郎さん。

医学書院「看護管理」の小齋愛さん。慶應ＭＣＣの保谷範子さん。リクルートマネジメントソリューションズさま。「１ｏｎ１マネジメント研究会」参加者のみなさま。これらの方々とのご縁があったおかげで、コンテンツを充実させることができました。

そして、編集の労をとってくださったダイヤモンド社人材開発編集部の小川敦行さん、大坪稚子さん。企業取材をはじめ全般に関わってくださった由井俊哉さん（株式会社ＯＤソリューションズ。toshiya.yui@odsolutions.co.jp）。執筆に際して多大なご協力をいただいたフリーライターの間杉俊彦さん。みなさま、本当にありがとうございました。

２０２０年11月吉日

吉澤幸太

［著者］
本間浩輔（ほんま・こうすけ）
LINEヤフー株式会社 シニアアドバイザー
朝日新聞社取締役
パーソル総合研究所取締役
立教大学大学院経営学専攻リーダーシップ開発コース 客員教授
公益財団法人スポーツヒューマンキャピタル 代表理事
1968年神奈川県生まれ。早稲田大学卒業後、野村総合研究所に入社。2000年スポーツナビ（現ワイズ・スポーツ）の創業に参画。同社がヤフーに傘下入りした後、人事担当執行役員、取締役常務執行役員（コーポレート管掌）、Zホールディングス執行役員を経て、2023年より現職。著書に『ヤフーの1on1 部下を成長させるコミュニケーションの技法』（ダイヤモンド社）、『会社の中はジレンマだらけ 現場マネジャー「決断」のトレーニング』（中原淳・立教大学教授との共著。光文社新書）、『残業の9割はいらない ヤフーが実践する幸せな働き方』（光文社新書）がある。

吉澤幸太（よしざわ・こうた）
LINEヤフー株式会社 人事総務グループ人事総務統括本部コーポレートコーチ室
2005年にサービス企画職としてヤフーに入社。主にメディアサービスのプロデューサーとして提携事業やコンテンツ調達の仕事に携わる。2012年の経営体制刷新に伴い人事部門へ異動。新人事制度に即した組織開発と人材育成を推進する中で、特に1on1ミーティングの導入と浸透の推進役を担う。現在は部門担当人事として、特に管理職育成や全社横断的な勉強会などの企画運営に注力。また、ダイヤモンド社をはじめ社外での講師経験も多数。主に1on1ミーティングを活用した組織・人材開発を通じ、さまざまなビジネスシーンへのサポート活動を実践している。

1 on 1ミーティング
──「対話の質」が組織の強さを決める

2020年11月24日　第1刷発行
2023年10月16日　第5刷発行

著　者──本間浩輔・吉澤幸太
発行所──ダイヤモンド社
〒150-8409　東京都渋谷区神宮前6-12-17
https://www.diamond.co.jp/
電話／03･5778･7229（編集）　03･5778･7240（販売）
装丁────竹内雄二
マンガ───小倉治喜
編集協力──間杉俊彦
校正────茂原幸弘
製作進行──ダイヤモンド・グラフィック社
印刷／製本──ベクトル印刷
編集担当──大坪稚子

ISBN 978-4-478-10997-7